富士山と太陽の下で

shakeの子育てコラム

木暮武彦

山梨日日新聞社

２０１０年４月～２０１１年３月

２０１１年４月～２０１２年３月

2012年4月～2013年3月

本文写真　木暮武彦・裕子

2010年 4 月～

2011年 3 月

自然の中で暮らす決断

3月末の朝、卒園したばかりの息子の青葉がフキノトウを採ろうと言った。今年の春も玄関を出て3歩歩けば、フキノトウが勝手に生えている。子どもには苦く、食べられるわけではないが、ごく自然に毎年春になると遊びの一つとして、2人であちこち歩き回りフキノトウを採る。

採ったフキノトウは夜、天ぷらになり食卓に並ぶ。散歩をすれば野生のシカやウサギに出会うこともある。雪が降れば坂道でソリをし、家では近所迷惑の心配も無しにドラムをたたく。彼は東京生まれの両親のもと、富士の麓で生まれ育ち、自然の中で、まだ6年の人生を謳歌している。標高1000メートルを超える世界で冬は氷点下10度を下回ることが唯一の不安要素だったが、住んでみるとそれも大した障害とは感じず、移住して本当に良かった。

40年以上前、自分が育った埼玉県の川口は、まだ子どもには永遠と思えるような田んぼがあり、どぶ川でカエルやザリガニを捕まえた。今はもとの地形は全く想像もできないほどコンク

自然の中での子育てを望んだ著者。晴れた日には太陽の下で子どもと遊ぶ

リートの道ができ、家がびっしり並んでいる。故郷は記憶の中だけにある。

10代のころから、大音量でギターを鳴らし（今でもですが）、反抗的にROCKをやって生きてきた。しかし、30歳を過ぎたころ、自然の中にいると子どものように心が解き放たれた、より自由な自分がいることに気付き、もっと純粋な喜びの表現として音楽をやるべきだと思った。いつか自然の中に暮らし、呼吸し、そのみずみずしい喜びや驚き、エネルギーを音楽にして人に感じてほしいと思うようになった。

富士ケ嶺は完璧だった。電信柱もない樹海の長い一本道を抜けると、輝く黄緑の牧草地、巨大な富士山と反対側にそびえる山々、森や湖にも囲まれた童話のような世界。人工的な建造物も少なく、電車、バス、コンビニもない、富士山の原風景を感じられる場所だった。いつかここに暮らして音楽をやりたいと思ったが、どうすれば住む場所が探せるのかもわからず、音楽ビジネスのすべてが集まっている東京を離れるふんぎりもつかなかった。

そうこうしてるうちに、何年か過ぎ、その思いが沸騰点に達したころ、偶然（必然）のことから富士ケ嶺に知り合いができ、半年後に子どもが生まれることになった。

東京の10メートル四方程度の公園で走ることもできず遠慮がちに遊び、大人のようにさめた話しかたをする小学生を見ていた自分にとって、子どもにはごく当たり前に野山を駆ける生活を送ってほしいと思った。自分としても、家族と緑の中で暮らし、音楽をやり、太陽と、毎朝やって来る新しい一日に感謝を実感する生活をしたかった。奥さんに話し、彼女も即答で同意。家探しも知り合いが手伝ってくれ、２００３年、富士山麓の移民としての生活が始まった。

一生の宝になる小学校生活

4月6日。珍しく家族3人で正装。最近着物にハマっている奥さんは手際よく自分で着付けをし、息子もネクタイ。冠婚葬祭以外、普段全くスーツを着ない自分も成人式以来、30年ぶりのネクタイ、スーツだ。今日は富士豊茂小の入学式なのだった。

男親にとって男の子の成長は自分の少年時代の追体験でもある。初めて自転車に乗るとき、キャッチボールをするとき、何かにつけて自分の子ども時代を思い出す。小学校の入学式ともなれば、記憶と一緒に同じその日の写真まで残っている。

古ぼけた写真の中、母親が学生時代の制服をこわして作ってくれたブレザーを着てランドセルをしょっている6歳の自分。顔つきもまだ、ぱやぱやして、いまだ意識はゆりかごの中という感じ。写真を撮ったときの記憶はあるがそのころ自分が毎日何を考え、何をしていたのかほとんど覚えていない。テレビでジュリーを見るまで自分の中では紀元前という感じだ。何も考えず言われたことをとんちんかんにやっているうちに毎日が過ぎて行ったんだろう。

小学校の入学式で

それに比べて今の子どもはあきらかにいろいろなことが見えている。デジタルゲームをやり、携帯のメールをし、頭は回るし口もたつ。すべてを分かっているように思ってしまうときもあるが、描いている絵などを見るとやはりまだ子どもでうれしくなる。

未来にどんな世界がやってくるかは想像がつかないが、自分らしく生きて人生を楽しんでほしい。そのために個性を引き出して自由に使えるようにすることが親の使命なのだと思う。常識や慣習にとらわれず、新しい人類として想像もつかないうれしいことをやってほしい。あわよくばこの世界にも喜びをもたらしてくれることを望む。

富士豊茂小の新1年生は男5人、女4人の計9人。統合話もある学校としては特別に人数の多い学年だ。同級生はすぐ隣にある保育所ですでに4年、一緒に過ごして遊び、笑い、泣いたり、おしっこを漏らしたりお互いをさらけ出した仲だ。ケンカをしても子どもはやはり遊びたいので、この人数では仲直りしないわけにはいかない。一言謝ればすぐにケロッと忘れて一緒に走り回る。そんな毎日を繰り返してすでに家族のような絆ができている。人数が多ければ野球やサッカーもできるが、ここにはここでしかできない素晴らしいことがたくさんある。この9人は学校統合がなければ、そのまま小学校で6年間を共に過ごす。一丸となって怖い物知らずという感じだ。45人のクラスが8クラスもあり、個人の存在感などまるで感じられなかった自分と違って、こんな子ども時代はとても良いものになるだろう。

入学式のひな壇で緊張気味の悪ガキ9人は先生や在校生のうれしい顔に囲まれとても大切に迎えられているという感じがした。今後の人生の核となることを学ぶ大事な6年間、思いっきり子どもらしさを発揮してのびのびと過ごしてほしい。

将来は自分次第　まず「1、2、3」

富士豊茂小、9人の新1年生が前後2列に机を並べて授業を受けている。親も子どもも初めての授業参観。現代の1年生の教室はずいぶんと楽しげだ。壁にはチューリップの絵、黒板にはクマやリンゴの絵。ユーモアを交えて楽しげに教える先生、教科書もカラーの絵でいっぱいだ。

親がいることで、いつもよりテンションが上がっているだろうと思われる1年生にとって、授業はまだ遊びの延長。先生と友達のように言葉を交わし、笑い、元気に答えている。あと何年かすれば、うんざりするような難しい漢字や方程式と向き合わなきゃならなくなるとも知らずに。

まず始めは国語でカキクケコ。次は算数の時間。1、2、3の書き方を教わっている。もう子どもとは何年も人間対人間として付き合って来ていたので、こんなことを習うのも正式には初めてだったのかと驚く。

授業中、先生と元気にやりとりをする子どもたち

ていねいに1、2、3の書き方を教える先生と、がんばって書いている子どもたち。純粋で平和な世界。この先どんな人生を歩もうと、誰もが、たぶん死ぬまで何十年も毎日使うひらがなと数字を習得するという人生の重要な場面。すべての学習の基盤を教えてくれる1年生の先生というのはとてもすてきな仕事だ。みんないつか忘れてしまったとしても、人生における偉大な師なのだと思う。

自分はずっと学歴社会とは無縁に生きて来たので、生きるために本当に必要な勉強は英語以外は小学校で十分だったと思っている。それ以降、サイン、コサインとか地学、物理などは結局、自分の人生には何の関係もなかった。

生きるために大事なことは、難しい勉強ではなく、スポーツや音楽、遊び、夢に向かったり、悔しい思いをしたり、友達、恋人、親とのけんかから学ぶ。知る必要のあることは勝手に自分の人生が教えてくれる。

なのでわが家では、難しい勉強は本当にやりたければやっても良いという考えだ。学校の先生や宇宙飛行士になりたいなら、喜んで勉強すれば良いし、コックさんやギタリストになりたければ義務教育で十分。大人になるまでの時間は途方もないように思えても、通り過ぎてみればあっという間のかけがえのない時間。

できるだけ広い世界を見て、本当にしたいと思うことのために努力、葛藤し、いっぱい遊んで、自分を見つけてほしい。しかし小学校の勉強はサボってはいけない。まずは1、2、3から。

元気いっぱい遊び回る

ゴールデンウイーク。富士ケ嶺は一昨年から始まった芝桜まつりの影響で周辺の道路は大渋滞。渋滞を突破してその先どこに行こうと、行った先も混んでいるし、どうせ避暑地に住んでいるので今年も家でのんびりすることに。そしてやはりどこへも行かない息子の友達が泊まりにくる。

初めて友達が泊まりで来るというので何日も前から楽しみにしていた。休みも中盤を過ぎて久しぶりだったため、2人とも午後から半日ハイテンションで遊び回る。風呂も生まれて初めて親抜きの2人だけで入り、寝るのにも大騒ぎだ。

翌日、一通り遊びもすんだのか、気付くと、まったり携帯型ゲーム機をいじっている。コンピューターゲームはやりっ放しになってしまうし、胸に残る物がないので自分としてはできれば与えたくなかった。だが友達も持っているしどうせ通り過ぎなきゃいけないところ。1日にやってもいい時間を決めるという条件付きでこの3月に与えたのだった。

粘土で遊ぶ子どもたち。イメージをふくらませ、思い思いの形にする

しかし最近のゲーム機にはビックリする。コードもつながずに通信できて、それぞれのゲーム機で一緒に遊べる。感心していると、やはりゲームに魂を奪われ、やりっ放しになっている。お互いいすに座ってそれぞれのゲーム機とにらめっこしながらぽつぽつとしゃべっていて指だけが動いている。指先が器用になったり、頭の回転にはいいと思うけど、やはり元気に遊んでほしいと思ってしまう。

さすがに長いと感じた母親に「天気もいいんだから外で遊んできなさい」と言われ、しょうがなく2人、オモチャの刀を持って外に出るが、ゲームを突然中断されたところで面白い遊びも思い浮かばず、すぐに戻ってくる。しかし今度は粘土を持ち出してきた。

2人でしばらくいじっているうちに、どちらともなくふざけ出し、笑い声が飛び交い始める。またたく間にテーブルはヘビやスパゲティでいっぱいになり、あきらかにゲームをやっていたときとは声のトーン、目の輝きが変わる。

一通り遊んだところでおやじの登場。3人でバット、グローブ、ボールを持って今度はグラウンドへ。2人を相手に延々バッティングピッチャーとノック。なんとかデッカいのを打ってやろうとバットを振り回す子どもたち。グラウンドで野球をやっている子どもたちを見ていると、まるでタイムスリップしたようで、遊んであげたつもりがノスタルジーの中に入り込んでいい気持ちになる。約2時間、汗をかき日に焼け、子どもの世界を皮膚感覚で思い出した。

無防備になる心の交流

5月末。明け方、バンドの東北ツアーから戻る。3月から始まったライブツアーは週末が中心で、なかなか子どもとじっくり遊ぶ時間が取れない。しかし、ツアーから戻った直後は次のツアーまで余裕があり、疲れていても音楽のことを考えずにじっくり子どもと向き合える。

この日は、ツアーでメチャクチャになった生活リズムの調整もかねて、昼に起き、2時終わりの小学校に迎えに行く。夕食までめいっぱい遊ぼうと決めた。旅に出て、楽しくも戦いのように毎日ギターを弾くことに没頭した後、満面の笑顔で迎えてくれる子どもがいるというのは本当に救われる。

すべての心のガードを解いて、無防備になれる時間。「日曜日は何してた?」「マック行ったよ」「今日は学校で何した?」「絵の具で絵を描いた」。1年生ともなれば結構すれた瞬間も見えてくるが、こんなときは完ぺきに無垢な気持ちをぶつけてくれる。

話すことなど何でもよく、久しぶりのうれしい心の交流をして笑う素晴らしい時間。昔から

子どもと楽しむテニス。日常の忙しさを忘れ、無防備になれる時間だ

よく言われることとして「親に生んでもらって感謝しろ」というのがあるが、それは人生のどこかで自然に意識するもので、まずは親にとっての「生まれてきてくれてありがとう」だろう。世界にこれだけたくさん人がいる中で、自分たちだけを頼り、すべてを預けてくれる唯一の存在。自分が死んだ後も切れない絆を持ち続けてくれるのだ。

一緒にお土産のお菓子を食べ、グラウンドへ行ってテニスをやることに。最近、屋根裏部屋でテニスラケットを見つけて以来、家の前でへなちょこに打って遊んでいたので、今日は野球のバックネットの前で思い切り打たせてやるつもり。しかし、テニスを見たことさえ無い息子は何もかもがメチャクチャ。口で教えても理解せず、そのうちふざけ始め、結局、何度やってもうまく打てない。

最初は一緒に笑っていた自分も徐々に鬼コーチに変身。「ラケットだけ振ってみな」「足を開いて」「ひじはあんまり曲げない」「ボールは軽く持ってフワッと上に上げる」「ラケットを縦にして真ん中に当てる」。子どもがべそをかいたり、多少うまくできたらこっちも大げさに褒めてみたり、本当はただ遊んでいる方が良かったんじゃないかと思いつつ、どうせなら最低限はできるようにしてやりたいとヒートアップする。

「よし、最後にバックネットに20回当てて終わりにしよう」。徐々に感覚をつかみ始めた息子も真剣になり、やっとのことで20回達成！　2人で「やったー！」。親友のような気分で歩いて家に帰った。

父子水入らずの日

今日は奥さんが都内に出ていて、深夜に戻る予定。ツアーもヤマ場を迎えて週末もすべてを任せっきりになっているので、せめて自分がいる間はやりたいことをできるだけやってほしい。なので今日は父子水入らずの日なのだった。

A型で何事もきちっとこなし、時間に厳粛な奥さんと、直感となりゆきに任せ、時間にもゆるやかなB型の自分。そしてその両方に自然に対応しているAB型の息子。家族とはよくできているものだ。

遊びか仕事か、紙一重である自分の音楽活動を奥さんは全面的に尊重し、優先、協力し、家事もすべてこなしてくれるが、子どもの日常に関してもほぼ取り仕切っている。毎日の食事の開始時間、子どもが食べ終わるまでにかかる時間、はしの持ち方、就寝時間にも厳しい。

母子家庭の一人っ子だった自分は、夕食も6、7歳のころからほとんど一人で食べていた。時間の決まりもなくテレビを見ながら、ねっ転がって、途中で寝てしまうこともあり、毎晩2

子どもとしてやるべきことをちゃんとやる息子青葉。生命力は全開だ

時間ぐらいかけて食べていた。はしは今でも普通に持てないが、個性と独自の器用さがあって良いじゃないかと思う。しかし、常に子どもの面倒を見ている彼女の意見は圧倒的に強く、息子は食事に関して、楽しい非常識は許されないのだった。

　やってみると、毎日決まった時間に食事をとることによる一定のリズムは確かに子どもの健やかさに不可欠だと思えてくる。息子は毎晩寝る直前まで生命力全開で、ベッドに入ったとたんパタッと電池が切れる。家に人が来て騒いでいようが、いっさい眠気に抵抗することなく夜8時半には自ら進んでベッドに入り、パキッと目覚め毎朝必ず米を食べる。子どもが夜寝ない、朝ご飯を食べないことが社会問題となっていることを考えればもう黙るしかない。

　しかし今日は父子水入らずなのだった。食事や風呂なんかチャチャチャッと済ませて普段やらないような夜の森の散歩や湖までのドライブとか、2人だからこそできる楽しいことをやろうと言うが、「今日は剣道の日だよ」という冷静な答え。さすがだ。A型の血を引いている。少し遊んだ後、用意された夕食をとり、剣道、風呂、そしてベッドに入る。

毎晩、寝る時だけは絶対母親となのだが、今日はうれしそうだ。彼が学校で借りてきた絵本を1冊読み、電気を消す。無邪気な童話の世界の余韻が残る。暗い部屋の中、すぐに寝息が聞こえてくる。今日も小さな体で目いっぱい生きた。子どもとして、やるべきことをちゃんとやってるじゃないかと思う。

ＢＢＱでうれしさ伝染

6月後半の週末。ここ2〜3カ月、週末はほとんどツアーに出ていたので、久しぶりに家族と過ごす休日。どっぷりキャンプでもしたいところだが、梅雨だし、週末1泊でのキャンプは忙しすぎる。せめて湖に行ってバーベキュー（ＢＢＱ）でもやろうと約束していた。

しかし前日、天気予報を見るとやはり雨。てるてる坊主でも一緒に作ったら楽しいと思うが、どうせがっかりするのでやめる。「代わりにプラネタリウムでも行こうか」と言っていたら、意外に当日朝は日がさしていた。

標高1150メートルの家の天気は常に変化するので当てにならないが、なんとかＢＢＱぐらいはできそうだと判断して、急遽準備をはじめる。キリギリスの家族としてのわが家の家訓は「楽しいことが一番」。楽しいことを思いついたら、状況は深く考えず、まずそれをやってしまい、そのうれしい勢いで何でも乗り切るのがわが家のやり方だ。

自分はいす、テーブル、バドミントンとＢＢＱセット、奥さんは肉、野菜、焼きそば、ジュー

久々に一家で過ごす休日。子どものうれしさは家族に伝染する

ス、食器などパッパとまとめ車に積み込む。奥さんとは1カ月近くアメリカの西部をキャンプで回ったこともあるので、こういうことに関しては何の打ち合わせの必要も無く、あうんの呼吸で準備が整う。息子も今年の春やっと補助輪無しで乗れるようになった自転車を積み込んで出発。

本栖湖の深い入り江エリアに着いてみると、やはり灰色の雲と霧に覆われていた。見渡す限り、釣り客が2人、遠くでウインドサーフィンをする人が3人いるだけ。若干不穏な景色だが、久しぶりの両親そろったレクリエーションに息子は完全にハイになり、桟橋で歌い跳びはね、お尻を出したり、靴を脱いで水に入ったりしている。

それを横目で見ながら湿気った炭をバーナーで無理やり燃やす。あとはビールを飲み、肉と野菜を焼いて食べる、ただそれだけのことなのだが、非日常の自然の中では特別な魔法がかかる。

子どものうれしさが伝染する家族という素晴らしき最小単位の環。家から10分足らずの所だが風に吹かれて、ランチをしているだけでこのうれしさは何なのだと思う。準備もかたづけも3人で協力しながら、こんな時間に生きている理由のすべてがあると思える。珍しく奥さんがうっかり忘れた水とソースの変わりにビールと焼き肉のたれで焼きそばを作るが、それでもまずいと感じないから不思議だ。

風は次第に強さを増し、波も荒れ、台風のような景色になってきた。土砂降りになる前にさやかな旅は終了した。

父親は「世界一の友達」

合言葉は「世界一の友達だろ」。

一緒に何かをやってすごくうれしかったとき、しょうがなく強く怒らざるを得なかったときのあとはいつもこれで締めることにしている。それは魔法のようになんともいえない温かい空気を生み出し、涙も一瞬で笑顔に変える。

もともと自分は母子家庭で、父親というものを見て育たなかったので、父親像はまったくの白紙だ。だからこそ自由に描けるのかもしれないが。「こんな父親がいてほしかった」と思い描いた父親像と自分の本質の間の自然なポイントであればいいと思う。理想は半分父親、半分「世界一の友達」だ。

何年間も裸で一緒に風呂に入ったり、立ちションしたり、兄弟のいない自分には一番近い無条件の仲間なのは事実。遊びをできるだけ共有し、自分の知り得る限りの素晴らしいものはすべて見せたいと思うと同時に、自分のぐうたらなところ、勝手なところもなるべく見せるよう

かけがえのない養育期間。当たり前だと思ってはいけない

にしたいと思う。あと何年もしないうちにSEXの話もしなければいけない。

世の中は不完全で完全。偉そうなフリをしてあとでがっかりされたくないし、ありのままを受け入れ合えるようになればと思う。周りを見ても自分のちゃらんぽらんなロック仲間の家は親子仲が良く、反面教師の親のもと、しっかりした人間に育っている場合が多い。

もともと親と子に上下関係はないと思っている。自分の祖先の5代前と6代前の写真を並べたとしたら、どっちが先だから偉いというふうには考えないだろう。先に生まれた方が養育する義務を負っているだけで、命をつないだという点でまったく平等。あとはその人自体がどう生きたかという問題だ。

いつか20歳を過ぎて養育期間が終わったときには、本当にただの友達になりたい。うるさいことは言わず、お互いを尊重し、友達として一緒に旅をしたり、演奏したり、たくさんの好きなことを一緒にやれたとしたら楽しいだろう。

空想は勝手に広がってしまうが、本当はあまり利己的に未来のことなど考えない方が良いのだ。子どもが大人になるまで与えられた、この養育する時間こそが宝物。20年もたてば、一瞬でも良いから取り戻したいと思うだろう。かけがえのないこの時間を当たり前だと思ってはいけない。あらゆる瞬間を楽しんで、できるだけゆっくり成長してもらいたい。

遠い記憶の中から宝物

あらゆることが初めての新1年生の1学期も終わり、ついに夏休みに入った。世間的にはうんざりするような夏も、東京より気温が10度も低い富士ケ嶺には、いまだに夏は素晴らしい季節だ。

1000メートルを超える標高による直射日光は強いが、森の中はいつでもひんやりしている。熱帯夜もなくクーラーも必要ない夏は、長くきびしい冬を乗り越えたご褒美のようだ。午後からは霧の出る日も多いが、晴れれば雪のない赤い肌の巨大な富士山が恍惚とした気分にさせてくれる。

息子の青葉も夏休みが来るのを楽しみにしていた。誰に言われたのか、優等生のように宿題は3日でやり、あとはずっと遊ぶんだと言っていたが、いざ、夏休みが始まってみるとやはり3日では終わらない。

やればすぐに終わるようなことを言っているが、昔の自分のように最後の3日間で、べそをかきながらやるのだろうか？　自分もここのところ時間に余裕があるので毎日なんだかんだと、仕事の合間に子どもの夏休みに付き合っている。

　小学1年生はやることなすことすべてが初体験。息子も典型的な子どもとして夏が与えてくれる喜びを満喫している。とっくに忘れてしまったうれしい夏の出来事の数々、子どもの喜びようを見て思い出す。

夏休みのひとこま。遠い記憶の中の夏休みと響き合う

　ラジオ体操でハンコを押してもらううれしさ、朝顔に水をやり花が咲くのを数える、虫取り網を持ってちょうちょを追いかける、友達と学校のプールへ通う楽しさ。毎年進化する豪華な花火大会が自由に見られる時代にも、手に持って火をつける子ども用の花火がこんなにすてきなものだったとは。

　次から次へと遠い記憶の中の

夏休みと響き合う。大人になるにつれ、自分の中で無意味なこと、なんでもないことにしてしまっているものの中に宝物はたくさん隠れている。

しかし、毎日朝から寝るまで、その持て余し気味のハイテンションと空間を共有するには相当のエネルギーがいる。仕事の関係上ライブやレコーディングのないときはほとんど家にいるので、奥さんにも完全に当てにされている。

青葉はペンキ塗りなど、家の仕事を手伝わせても遊びとして楽しんでいるので、それでギブ・アンド・テークのバランスをとりつつ、何時間もプールで泳いだあとは息子と一緒に昼寝だ。ウトウトしつつ、目が覚めたら自分も小学生に戻っているんじゃないかと思ってしまう。

移動時間こそ旅の魅力

小さい子どもがいる家族にとって夏の一大事である家族旅行。自分の子どものころは海に行った記憶が多い。ここのところ、日本の神様のことを研究している奥さんと、大自然や聖なる力に触れるのが好きな自分の意見が一致し、今年は巡礼の道として世界遺産にもなっている紀伊半島の熊野へ行くことになった。

インターネットで安宿を予約し、仕事はすべてストップ、パソコンも無し、車に荷物を積み込んで出発。小学1年生の息子に熊野古道といっても意味不明だが、息子はどこだろうと家族で旅に行くことにワクワクしている。

一応、遠い昔から現在までたくさんの人が神様に出会うために熊野の山の中を歩いた場所であることを説明する。「でも本当には会わないんでしょ?」と息子。少しドキッとして答える。

「そうだね、感じるんだよ」

富士山の麓から熊野までは車で8時間。大人でも結構きびしい長さだが、物心つく前から東

わが子との旅は過去のどの旅とも違う温かさがある

京のライブや、大阪、名古屋などツアーについて車で移動していた息子は長距離ドライブに慣れている。多少の渋滞にハマっても大して文句もいわないので助かる。

サンドイッチやお菓子を食べ、サービスエリアでかき氷を見つけてはねだり、クイズをしたり、順番に好きな音楽を聴いたり。眠くなれば勝手にシートを倒して寝る。長旅をエンジョイしている。

熊野の旅といえばただひたすら歩くことである。古道を歩き、神社に行くために何百段も階段を上り、神様と、自然と、自分の心、体と対話する旅。しかし6歳の子どもと一緒では神様のことばかりも考えていられない。のんびり歩いて、途中で休憩してお弁当を食べ、家族で非日常にいることを楽しむ。

夏休みだというのに小学生などほかには見当たらず、頑張って半日歩き通したことをほめる。実際は子どもにとって世界遺産へ行こうと、一番楽しかったのは朝夕にホテルの前の川で遊んだことだったりする。

しかし子どもにばかり合わせていたら熱気が無くなってしまう。親が本当に楽しむことは大事だ。そして何でも楽しもうとしてくれる息子にも感謝。熊野の神様が息子に何かを授けてくれることを望む。

旅とは移動している時間そのもののことだと思う。ガイドブックに載っている物を確認するのは旅をする理由でしかないのかもしれない。

長い時間、肌を触れ合うように過ごし、普段しないような会話をしたり、見慣れない景色を見て驚いたり、笑ったり。軽やかな時間の中、気付かないうちに、たくさんの交流をし、心に残る景色を共有する。そして、やはり自分の子どもとの旅は特別。今までしてきたどの旅とも違う温かさがある。

はずれてもチャレンジ

富士吉田の火祭り。野性的な炎の柱が鳥居のあるメーンストリートを縦断し、その周りをあらゆる種類の屋台が埋め尽くしている。10代の女の子もグループで浴衣を着てめかしこんでいる。自分が子どものころ、地元には盆踊りぐらいで、大した祭りの記憶もない。富士山に移住して8回目の夏になるが、火祭りには家族でほとんど毎年来ている。

息子も今年はおばあちゃんにもらったお小遣い2千円を母親に首から提げる財布に入れてもらい、初めての自由な買い物だ。昔と単価が違うとはいえ6歳で2千円もかと思いつつ、「食べ物は買ってやるから甘いものとオモチャは自分で買うんだぞ」と言う。しかし息子は意外と財布のひもが固く、バンバン甘いものを買うかと思ったら見てるだけだ。金魚すくいには目もくれず一番の目的はオモチャのくじ引きだ。

くじ引きの屋台には300円では100回やっても一度も当たらないだろうと思われる、高そうなオモチャが並んでいる。息子の目は輝き、当たることを信じて疑わない。あっさりと一番上のくじを引くがやはりはずれ。一番下にあるオモチャをどれでも取っていいよと言われ、100円ショップにありそうなバネのオモチャをもらう。

しかし息子は、めげることなくかき氷の屋台へ。全種類のシロップをかけ、広場の端に座って食べる。ビールを飲んでいい気分の父親は祭りの太鼓に耳を奪われる。やはり和太鼓には力があるなと、音と勢いに酔いしれるが、かき氷に夢中の息子には届かない。

吉田の火祭り。連なる屋台に子どもの心も躍る

その後、念願のりんご飴を買ったはいいが、あまり好きじゃないと悟った息子はすぐ親にそれを渡し、またもやオモチャのくじに挑戦。しかし結果はまた同じ。一番下にある物どれでもいいよと言われ、よくわからないボールをもらう。

しょんぼりして、公園でフランクフルトを食べる息子。屋台の明かりを見つめて「どうしてくじ当たらないのかな？　おれ、いつも当たらないいんだ」。そういえば去年も当たらなかったことを思い出す。ほほ笑ましく、切ない夏のひとこま。親の方が泣きそうだ。

「ああいう良い物はほとんど当たらないんだよ。バンバン当たったら商売にならないだろ?」。言わない方がいいんだろうと思いつつ、中途半端に同情する父親。誰もががっかりすることで少しずつ世の中を理解していくのだろうか? りんご飴はたぶん来年買わないだろう。くじはどうか? そう簡単には懲りないやつでいてほしいと思う。

運動会は地域のお祭り

小学校の年中行事の中で、もっともエキサイティングなイベントである運動会。富士豊茂小学校では今年も9月の第一土曜日に行われた。33人の小学生と、15人の保育園児、父母、地域の役員や高齢者も集まってほぼ全員が競技に参加する地域全体のお祭りだ。

毎年この時季にはもう涼しくなる富士ケ嶺でも、この日は35度はあったんじゃないかと思う真夏日。テントの下に入れば風は涼しいが、高い標高によるジリジリと刺すような直射日光は強烈だ。

整列中の子どもたちにはちょっと長いだろうと思われるお祝いのセレモニーも終わり競技開始。ロック好きの先生チョイスによるBGMに乗って次々と競技が行われる。一般参加の競技、保育園児や高齢者の競技を適度にはさんで、小学生は午前と午後、四つずつの競技がある。

見ている方もけっこう競技にかり出されるので忙しい。母親は綱引きやリレーに興奮し大声で応援。父親はビデオを撮るが、撮るのに一生懸命になりすぎると競技そのものを楽しめない

運動会。みんなが走って、笑う、平和な一日だ

ので適当に勘でやる。

昔、自分が通った小学校は生徒だけで1500人以上。マスゲームのような荘厳さだったが、待ち時間ばかりで、当然、親子競技などはなかった。親と子どもが協力してやる他愛もない競技。自分がやるときは一生懸命だが、人のを見ていると親子の間に流れる温かいものが一瞬ですべて見えるようでうれしい気持ちになる。

人数の少ない運動会は出番も多く一人一人の存在感も大きい。9人の1年生もメンバーとして立派に機能している。息子も2学期が始まってからほとんど毎日猛練習で、この日を楽しみに待っていた。自分を表現するのが好きな息子はハッピを着て踊る「武田ソーラン」や、移動しながら楽器の演奏をする「マーチング」は夏休み前から練習していた。

子どもが頑張っているところを見るのは人生の中の輝きの瞬間であると感じる。生まれたときから息子を見ている近所の友人たちもかけつけてくれ、テントの下、一緒に声援を送る。

午前の部が終われば、仲のいい家族が集まり、いったい何人で食べるんだという量のお弁当がならぶ。つかの間のピクニック。富士山の下での絵に描いたような田舎の学校の小さな運動会。赤が勝つか白が勝つかとワクワクする子どもたち。作り物ではない純粋さ。3歳の幼児から高齢者までをひとつにつなぎ、みんなが走って、笑う、平和な一日。都会にいた時には想像もできなかった美しさだ。

神様の贈り物

曇り空の朝。元気いっぱいの「おーはようっ！」が家中に響き渡る。やけにうれしそうだ。息子は親譲りのおめでたい性格でほぼ日常的に笑っているが、今朝は特別うれしさがあふれ出している。こらえることができないようで、ニコニコが止まらない「妙な幸せ君」といった感じだ。今日は息子、青葉の7歳の誕生日。7歳の子どもにとって、誕生日がここまでうれしいものだったのかと感心する。

子どもにしては珍しく生クリームが苦手な息子は手作りのチーズケーキとミートローフをリクエスト。プレゼントには、今子どもの間で大はやりのこま、ベイブレードのセット。学校から帰ったら宝探しをするから、ちゃんと隠しておいてくれと、自らイベントをプロデュースする。小学校でも校内放送されるらしく、世界中が祝福してくれているような気分になっているようだ。

息子も今年は小学校に入って、勉強したり、上級生とサッカーなどをしたりするようになり、手足も伸び、内面もこの半年間でずいぶんと成長した。以前のようにずっとへばりついて、常に一緒に遊んでほしがったのとは違い、一人で勝手に遊ぶ時間も増えた。若干寂しくもあるが、家族の一員としてはどんどん頼もしくなってきている。

8年前、結婚前の奥さんに向かって、自分の人生には結婚も子どももういらないと宣言していたところ、ある日突然やってくることになった息子。散々迷った末にできちゃったものはしょうがないと、腹をくくったが、まさか自分にとってこれだけ掛け替えのない存在になるとは想像もしなかった。自分の愚かさを認めるしかない。

青葉7歳。息子の誕生日は親にとってもうれしい一日

妊娠も出産も経験しない父親にとって、親として本当の自覚が芽生えるのは言葉のコミュニケーションを取れるようになってから。さまざまなことを教え、初体験を目撃する日々。こっちが気持ちを向ければ向けるほど、大きな喜びとして返してくれる。テレパシーのように通じ合うユーモア。自分の人生においても、ここまで通じ合えると思った人間には出

会ったことがなかった。神様の贈り物だ。

子どもの誕生日は親にとっても最高にうれしい一日。よくここまで無事に育ってくれたとしみじみする。ベイブレードはすぐに飽きてしまうだろう。親が子どもにできる最高のプレゼントとは何か？　人によってさまざまだと思うが、自分はこう考える。生きたいと思える人生につながっていけるように、毎日自分らしさを自由にしてあげること。そして、親にとってはそんな日々こそが宝物なのだ。

壁埋め尽くした思い出

富士山の懐で原生林に囲まれているわが家は、どこの部屋も窓いっぱいに緑が広がり、晴れていれば一日中木漏れ日が入ってくる。コンクリートに囲まれていた都内での生活と思い比べると夢のような日常だが、おかげで夏の湿度もＭＡＸだ。あちこちカビ臭く、健康を害するんじゃないかと心配になる。

今年、新しく部屋を増やしたのをきっかけに、家の内壁を湿気を吸いカビを防ぐという珪藻《けいそう》土《ど》で塗ることにした。左官屋さんに下塗りをしてもらい、上塗りは趣味と経済性をかねて自分でやることにした。色はアイボリーに、子ども部屋だけは楽しそうな薄い黄色で塗ることにした。

下塗りで白くなった壁に、どうせあとから珪藻土を塗るなら、その前に息子に自分の部屋に思いっきり絵を描かしてやろうとひらめく。写真でも撮っておけば絵は残るし、それはめったにできない良い経験になるだろう。それに何十年かあとにも幼いころに描いた絵が、誰にも見

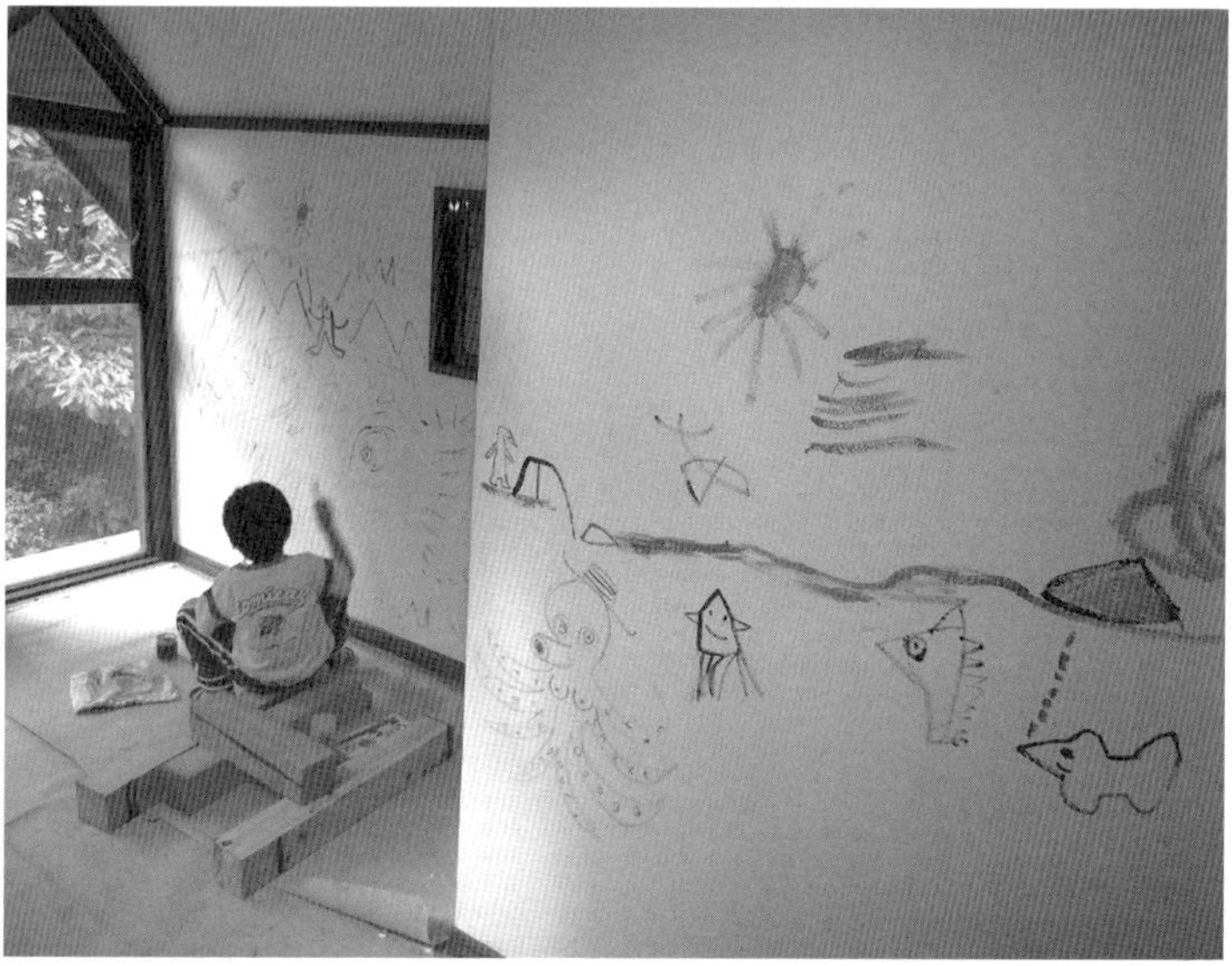

子ども部屋に描かれた絵。何事にもとらわれない子どもの自由さには感心するばかり

られることなくそこにあるというのも良いという思いもあった。

息子に言うと大喜びして、絵の具や筆、水を用意して早速壁画に取りかかる。あっという間に壁2面に「海の絵」という大作?を描いた。水平線、イカや島?そのほか海の生物らしき生き物。大人には描けない不可解な楽しさの連続。

「パパも描こうよ」と言われ参加する。自分も音楽をやる前は画家になりたかったので絵を描くのは好きだが、壁に描くとなると、具体的になり過ぎたり、意図的な抽象になったり、何かやってやろうという邪念が出てしまう。

気がつくと、息子はいつのまにかふざけ始め「パパ」「ママ」「あおば」の文字を分解してあちこちにバラバラに書いて笑いころげている。せっかくの壁画がと思うが、とらわれない自由さに感心もする。こうして、他愛もない落書きで壁を埋め尽くし美術の時間は終了。その後書き足されることもなく何日も放置され、ある楽しい午後の思い出となった。

いざ上塗りをするというときになると、息子は急にべそをかき、日曜日になってからとか来週が良いとか、ゴニョゴニョ言っている。消したくなくなってしまったようだ。別に子ども部屋だし、2階は湿気の心配も少ないだろうと、来年か、もっとあとで塗って欲しくなったときに塗ってやろうかと言うと、表面張力した涙目でニッコリ。まったく子どもに理解のある親だ。

しかし自分もツアーの合間にあちこち壁や天井など塗り過ぎて手首が痛く、ギターが弾けなくなるんじゃないかと心配だったのだ。助かった！

うそついたらカミナリ

バトルスピリッツ。今、子どもの間で流行っているカードゲームだが遊び方はかなり複雑。「コアステップ、リフレッシュステップ、アタックステップ」。何を言っているのかまったくわからない。ちょっと遊んでやろうかという次元ではない。小学校1年の遊びですでについていけなくなるのかと焦る。説明書を読んでも理解不能。取りあえずやりながら覚えることにする。

しかし、いざやり始めると実は本人もあまりルールがわかっていないのがわかり、あいまいにゲームは進んでいくが、「太陽竜ジーク・アポロドラゴンを召喚！」。セリフだけはなかなか決まっている。要はテレビでやっているアニメがそのままゲームになっていて、主人公になり切りたいだけなのだ。

息子の役者ぶりを楽しみつつ、2～3日、あやふやながらにもやっていると、徐々に要領がわかり始める。わかってくるとやはり7歳は相手ではない。自分はお兄ちゃんも兼ねているので、遠慮なくこてんぱんにやっつける。

しかしそのうち息子のズルが発覚。有利なカードを初めから手の内にいれて配っていたのだ。問いただすとうその上塗り、言いわけが続く。こんな場合どうするべきか？　瞬間的に頭の中でいろんな考えが回り始める。

学校で種を植え収穫した大根を持つ息子青葉。
ズルやうそを乗り越えて深まる絆もある

子どもがゲームに勝ちたくてズルしようと思うのは、ある程度知恵がついてくれば当然の思考だし、自分の子どものころの方がもっとひどかった。今の自分だって完全に正しく生きているのかと言われればバツだ。大人だって日常的に小さなうそはついているのだから「うそつきは泥棒の始まり」などとは言いたくない。

しかし「まあ良いか」などと

許したら当然どんどんエスカレートしていくだろう。ここは親として自分のことは棚に上げてもズルはダメだということを教えておかなければという結論に達する。お兄ちゃんからカミナリ親父に変身。「おい！　ふざけんじゃねーぞ！」。カードをぶちまける。しばらく昭和の親父のように怒るが泣いても謝らない。

夕食に突入。こうなったら無視だ。横目で見るとこの世の終わりのような顔でどうしようか困っている息子。その顔があまりに必死でおかしく笑いをこらえるのが大変だ。日課である風呂も一緒に入らず、「勝手に寝ろ」と怒るだけ怒ってスタジオに消える親父。

しかし30分後、待っていた瞬間がやってくる。扉を開け、体を震わせ号泣しながら謝る息子。奥さんとウインクしながら息子を抱きしめる。くちゃくちゃの顔で特別うれしそうに何度もおやすみを言いながら寝室に消えた息子。絆はこんなふうに深まるのかと実感。良い夜だった。

緊張乗り越えた初共演

結婚式に呼ばれた。幸せな新婦は、都会から来た自分たちを快く受け入れ、家族ぐるみでつきあってくれている友人の娘だ。結婚式という場は参加する方もとても幸せな気分にさせてくれるから好きだ。自分は仕事柄こういう場では必ず余興にかり出される。今回も「何か」やるはめになった。

さあ何をしよう？　良いアイデアを思いつく。歌や踊りが好きな息子と一緒に歌ってみよう。家ではいつもやってること、きっと楽しくできるだろう。親子初共演。息子が生まれたときから知っている人も集まるし、みんな楽しんでくれるに違いない。

息子に言うと「俺にまかしとけ～」と張り切っている。25年前に自分で作ったハッピーな曲を選び、息子にマイクの使い方を教え、掛け合いのパートを決め、2人で練習。良い感じだ。

当日、準備万端式場に向かう。しかし車の中で「俺ドキドキして来ちゃったよ」と思ってもみなかった発言。「いいか、楽しんで思いっきりやればみんながすごくうれしくなるんだぞ。

結婚式の余興で親子初共演。大成功だった

パパも一緒だから大丈夫」。気を楽にしようと励ます。

そして式場に到着。会場に入ってみると180人という予想外の大人数。知り合いはせいぜい20人ぐらいか。離れたところにぽつぽつと座っている。

披露宴が始まると、しーんとした中で何人か偉い人たちの祝辞が続く。知り合いに囲まれた中でのくだけたパーティーと思っていた自分としても予想外の雰囲気。ふだんしゃべりっぱなし、ふざけっぱなしの息子も黙ったまま完全に硬直している。ちょっとまずかったか。

しかし、乾杯、そして音楽が流れると会場はざわつき始める。雰囲気もくだけてきた。しかし息子はまだ硬直。食べ物もあまりのどを通らないようだ。

「やるしかないんだからな。思いっきりやるんだぞ」

「うん」

そして出番。自分が紹介され、先に出て拍手を要求し、サプライズとして息子を呼び込む。今度は手拍子を要求し「1、2、3、4」で始まり。知り合いのうれしそうな顔を見つけ、徐々に緊張が解け、自由になってゆく息子。意外と練習した通りにできている。会場も盛り上がりだし、やがてノリノリになり、終わったときには大きな拍手。

ちょっと無謀だったかと思ったが、緊張感を乗り越えてうまくできたのはいい経験になっただろう。2人、とにかくホッとして、残りの時間、デザートを食べるなどして楽しんだ。会場を出るとき、いつかこんなふうに息子の結婚式に参列する日が来るのだろうか?と初めて考えた。楽しそうだ。

親はいつでもシンパ

ここのところまた音楽イベントなどで家を空ける機会が多い。車にギター、アンプを積んでドライブ。東京に比べて山梨は名古屋、大阪にも近いので車でも行きやすい。大音量で音楽も聴けるし、気ままな車の旅が好きだ。

出発が休みの日であれば息子が最高の笑顔で見送ってくれる。わりと素っ気ない奥さんは玄関で手を振る。熱い息子とは運転席の窓を開けて抱擁。「ママの言うこと聞いて仲良くな」。エンジンをかけ発車。「バーイバーイ！」。走って車を追い掛ける息子。坂を駆け下り、角を曲がったところまで来て止まり、見えなくなるまで手を振る。こっちも窓から手を出し、バックミラーの中で小さくなっていく息子に手を振る。最高の瞬間である。

いつまでこんなふうに見送ってくれるのだろう？　近い将来なくなったときには寂しいとは思うが、この記憶は永遠だ。そしていつも自分が子どものころ、同じように見えなくなるまで母に手を振り続けた記憶がよみがえる。あのときの母もこんなふうにうれしかったのだろう

子どもが将来どのように生きていくのか。最終的に手助けできなくとも、親とはいつでも無条件のシンパなのだ

か？

自分が地方に出ている間に小学校の面談があり、奥さんが行ってきた。息子は活発で、わりと勉強はでき、物の理解力はある方らしい。一方、口が達者で最近言葉遣いが悪く、虚勢を張る割には涙もろくケンカも弱い。

家の外ではより虚勢を張るのは理解できるし、一人っ子なのでケンカができないのも想像できる。わりと情けない感じではあるが、男だったら強くあれとも思わない。それが個性であるのであればそれで良い。いつか自分で自分の弱さを認められるときが来ればそれは強みになる。弱者の気持ちがわかれば優しさにつながる。足りないもの、欠けている部分に傷つき、自分でそのすき間をどう埋めていけるのか？　その葛藤こそが人生であり、その上でより自分らしい個性的な存在に近づいていければ良い。

とにかく小学1年生ではまだ自分を繕うこともあまりなく、性格が丸見えでうらやましい限りだ。自分や奥さんから受け継いだ部分、独自に生まれ持ったもの、今の時代ならではの新しい感覚がデコボコに混在している。

未来にはどんな世界がやって来て、どんなふうに生きていくのか？　最終的には何の助けもできないが、とにかく親とはいつでも無条件のシンパなのだ。甘えたい間は甘えさせてやる。男がそれを表現できるのは人生のうちごくわずかの時間。時期が過ぎれば自然と内に押し込めて社会と自分自身と渡り合っていかなければならなくなる。そんなとき、記憶のどこかにありのままの自分を受け入れてくれる場所があったと思えるのは大事なことのように思える。

息子と夢を繋ぐサンタ

12月上旬。朝起きると景色は一変、富士ケ嶺にいつもより早い雪が積もった。すべての木が白く、もこもこになり、まるでおとぎの世界。息子は大喜び、自分もカメラを持って歩き、写真を撮りまくる。

しかしこの時期の雪はまだ溶けるのも早く、息子がつくった雪のケーキもすぐに小さくなってくる。ソリができないと嘆く息子に「1月になればたくさん積もるから」と言うと「クリスマスに雪が積もってないとサンタのソリが無事に降りられない」と心配する。「大丈夫だよ。サンタのソリは丈夫だから」。まったく説得力がない説明だ。

去年、家の細い煙突からサンタは入って来られるのかと心配な顔で聞かれたときにも何と答えたのか思い出せない。行き当たりばったりに答えているとそのうち突っ込まれるかもしれない。

すべての子どもを遠い夢の世界と繋いでくれるサンタクロース。冷たい冬を暖かくしてくれ

もうすぐクリスマス。子どもがサンタを夢見る間は親にとっても貴重な時期だ

るが、いったいこの夢はいつどういう形で終わるのが良いのか？　自分は10歳になったとき、親に素っ気なく告白されてブルーになった記憶がある。7歳ならまだ数年の余地があると思うが、できればうれしく終わらせてやりたい。

少し前に近所を歩いていると、道ばたに70センチほどのもみの木らしき枝を発見。本物かどうかはどうでもよく、木を持ち帰り息子と一緒にツリーを製作。木切れをあわせて台をつくり、幹を水平にカット。木ネジで下から固定するとハンドメードツリーの出来上がり。息子もノコギリやトンカチと格闘。ほとんど貢献はしなくても一緒につくったという気分にはなった。息子の中でサンタの実在がなくなってからも、こんなふうに一緒に楽しくツリーがつくれたらいいと思うが、たぶんしなくなるだろう。

子どもがサンタを夢見てる間は親にとっても貴重な時期なのだということに気付く。去年までは奥さんとやっていたクリスマスの飾り付けも、今年は要領を会得した息子がプロデュース。部屋中を銀ギラにし、電飾を灯す。大きな靴下を画鋲でとめてサンタへのおみやげのお菓子と手紙を入れる。

昔の子どもは車のオモチャが欲しいとか、おおざっぱだったが、今のサンタにプレゼントを選ぶ余地はない。息子のリクエストもモデル名をはっきりと指定した携帯型ゲーム機のソフト。手紙にはサンタとトナカイの絵と「お仕事頑張ってください」の一文も。自分は子どものころ、カブスカウトをやっていて教会で劇をやり、賛美歌を歌ったのが良い思い出だ。時間を取って息子にじっくりイエスの話でもしてあげたい。

自堕落な正月、素敵な目標

元旦。食卓に3人家族のこぢんまりとしたおせち料理、お雑煮が並ぶ。今年は自分の母親も正月旅行に出ていて実家に行く用もなく、暮れも30日までライブがあったので、家でのんびり過ごすことに決めた。

冬の朝、日本一大きな富士山の影に入る富士ケ嶺の日の出は〝日本一〟遅い。わが家では、周りの山に朝陽が当たってから約1時間後の8時20分、右側頂上から初日の出。外へ出て林の間から見える富士山と元旦の太陽に挨拶。ギターと音楽、家族と仲間、新しい年を与えてくれたことに感謝。酒を飲み、お雑煮を食べ、息子にお年玉をあげる。門松やしめ飾りもなく、いまだにクリスマスツリーが飾ってある家にしては典型的な日本の正月だ。

そして朝風呂。外は氷点下だが窓を開けて、湯に浸かる。湯気の向こうに見える青空と元旦の朝陽が当たる景色を眺めていると笑いたくなってくる。素晴らしく自堕落な風習だ。日本人もなかなか楽しいことを考えると思う。息子はスッポンポンで外に向かって「朝寝、朝酒、朝湯が大好きで」と歌っている。

実はこんな正月を迎えるようになったのはここ数年。昔は大晦日といえば町で騒ぎ、どこかしらでカウントダウンライブをやり、元旦は夜まで寝るという、風習や親の世代には反抗的な正月を送っていた。

子どもの成長とともに何の打ち合わせもなく、奥さんはおせち料理を作るようになり、正月らしい時間を過ごすようになってきた。お互い子どもに日本の正月を教えておきたいという気持ちがどこかにあるのだろう。親や親戚とだらだらと過ごした昭和の正月が懐かしい。

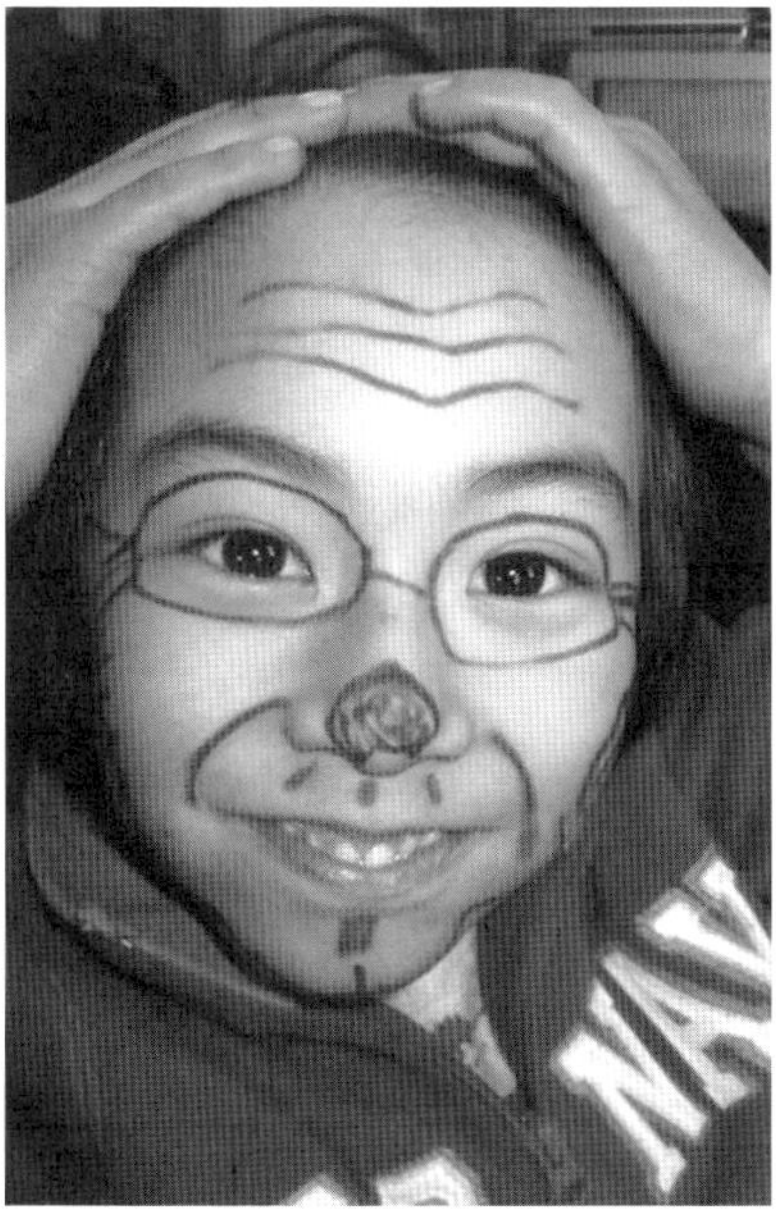

いたずら書き。親として今年も1年、わが子には宝物のような子ども時代を楽しんでほしいと願う

三が日はギターに触れることもなく、べったり息子と遊ぶ。アニメのDVDを見たりするほか、正月らしくかるたやアナログなゲームをやったりする。普段やっているゲーム機とは違い、近所の友人が集まってやるアナログなゲームに息子はおおはしゃぎだ。うれしそうに罰ゲームで顔にいたずら書

きをされている。

新しい計画は新月の日に立てると良いらしく、新月の4日まで待って今年の計画を立てる。自分はソロとバンドで1枚ずつアルバムを作り、その合間にツアーをする計画を立てる。

息子は今年こそ運動会で優勝すること、ピアノがうまく弾けるようになることが目標らしい。ピアノはそんなに熱心ではないので親の手前、点数稼ぎで言っているような気がしてならない。運動会はマジだろう。大人には考えもつかない素敵な目標だ。今年も1年間、宝物のような時間を大いに楽しんでほしい。

息子と薪割り　充実の冬

富士ケ嶺に移住して8回目の冬。ここのところ、最低気温はだいたいマイナス8～10度。昼間でも氷点下の日もある。移住して来た当初は毎年マイナス17度を記録していた。年を追うごとに少しずつ冬の寒さが緩んでいるとはいえ、1月後半から2月にかけての富士ケ嶺は北海道並みだ。

埼玉や都内では寒くてもマイナス1～2度。富士ケ嶺の冬がマイナス10度を超えると知った時には移住を考え直そうと思ったぐらいだったが、実際冬を迎えてみると、極寒の冬はなかなか良かった。静かな気持ちで眺める辺りの山々、葉が落ちた後の空っぽの森。雪が積もれば時が止まったようだ。年々冬が美しいと思うようになってきた。

寒いというのは大前提だが防寒と暖房に気を配っていれば、寒さよりも暖かさを感じることの方が多い。しかし、生まれた時からここの冬をごく当たり前の冬として過ごしてきた息子に、そんなメランコリーはない。たいした厚着もせずに雪の上でボールをけり、笑いながら氷の上

ストーブで燃やす薪の準備。子どもは意外と親の手伝いが好きだ

を滑る。さすがに幼児のころよりは寒さを感じるようになってはいるが、早く雪が積もってソリ滑りができるようになるのを待っている。

わが家の冬の一番大事な仕事はストーブで燃やす薪の準備だ。極寒の冬の守り神、薪ストーブは神々しい暖房力で、家を暖めてくれる。パチパチと木が燃える音とにおい、オレンジの炎が揺れ、都会では味わえない贅沢な気分になれるが、毎日バンバン燃やす薪の準備が大変だ。

去年からは、たまに息子と一緒に薪の準備をするようになった。父と子で薪割りなんてまるで昔話のようだが、現代の父は斧は使わず、薪割り機でバンバン薪を作る。息子はそれをひとつずつ小さい腕で抱え、テラスまで運び積み上げる。子どもは意外と親の手伝いが好きだ。指示したことをちゃんとやろうとし、文句も言わず、そのうち汗さえかきながら自分の仕事に集中している。こんな時は部屋でカードゲームをやっている時よりもはるかに素直だ。半人前としてはけっこう使える。

そのうちハナ歌を歌い出したので自分も加わる。ロックバンド「クイーン」の曲「ボヘミアン・ラプソディ」の一節「ガリレオ、ガリレオ」、「オママミア、ママミア」を2人で延々歌い続ける。時間を忘れ、音楽の仕事のことも忘れ、冬の澄んだ空気と一体化する時間。最後の薪を積み終え、丸太に座りおやつの時間。充実感を共有する。たいした会話はしてないが、とても大事なコミュニケーションをしていたと感じる。これからはもっといろいろなことで頼ってみるのも良いかもしれない。

根性や礼儀　剣道に学ぶ

「ヤー、メーン」。午後8時、富士豊茂小の体育館に竹刀の音が響き渡る。今日は富士ケ嶺剣道クラブの練習日だ。練習は週に2回。息子が剣道を始めて、そろそろ2年になる。

当時始まった子ども向けのチャンバラ的レンジャー番組「シンケンジャー」を見て、「剣道をやってみたい」と言ったのがきっかけだった。そんな理由なので長く続けられる気はしなかったが、富士ケ嶺剣道クラブの指導者2名がたまたま知り合った地元の友人だったので、息子の気持ちを伝えると、喜んでくれ、やってみようということになった。

当初は中学生が5人いて、そこに保育園児が1人入って練習している図は、テレビのコントみたいでおかしかったが、息子が入ったすぐあとに友達の保育園児2人も参加。最後の中学生がもうすぐ卒業する今となっては、悪ガキ3人は富士ケ嶺剣道クラブの未来をしょって立つ存在になった。4月には同じ年代の子どもがあと2名、参加するという噂もあり、いつか防具を着け、試合で団体戦をする時が来るかと思うと楽しみだ。

剣道で学ぶ根性や礼儀、心構え。将来必ず生きてくる貴重な財産だ

はるか昔に忘れていたが、自分も子どものころ、剣道をやったことがあった。子ども心に竹刀を振り回してバンバン打ち合いをしたいと思った記憶がある。しかし初めは当然、防具も着けず、型の練習ばかりで、あきて、すぐに行かなくなってしまった。

それを思うと、普段は軟弱で甘ったれの息子が、すでに2年も続け、もっとも寒いこの季節でも稽古を休まないのには感心する。この夜はマイナス9度。明け方にマイナス15度まで下がっていた体育館の床は氷のようだ。大人が靴下2枚にスリッパを履き、ストーブの横で見ていても足が凍りそうなところ、3人は裸に剣道着、裸足で頑張っている。「もっと振りかぶれ！」「はい！」「声が小さい!!」「はあああい!!!」。寒さに耐え、怒鳴られながらも力を振りしぼって必死で竹刀を振っている。

剣道の技、根性、正座やおじぎなどの礼儀、心構えなど、現代の家庭では教えることのできないことの数々が少しずつ身に付いてゆく。勝ち負けも大事だがそれより礼儀など生きていくのに大事なものをたくさん学んでいる。瞬間を感じ取り、瞬時に攻撃を仕掛けていくのは楽器をアドリブで演奏するのにも通じる。

何度同じことを教えてものみ込めない子どもたちに時にはユーモアで、時には愛のむちで辛抱強く教えてくれる先輩や先生たち（ボランティアで！）には剣道の世界に代々受け継がれて来たのであろう、大きな愛を感じる。ちゃんと受け取って、いつか伝えてほしいと思う。

白銀の世界で小さな冒険

今年は雪が全く降らず、息子はいつになってもソリができないと嘆いていたが、2月も中旬になってやっと降雪。週末は久しぶりに息子と雪遊びのフルコースで目いっぱい遊ぶ。

子どもはとにかく雪遊びが好きだ。いきなり笑いながら雪の玉をぶつけてくる。一応息子の雪の玉にも当たってやりつつ、こっちもバンバンぶつけてやる。このやんちゃな楽しさは何なんだと思う。雪だるまやソリは去年もやったが、本気で雪合戦をやるのはやけに久しぶりだと思っていたら今年、息子がそれをできる年になったんだということに気付く。

翌日、夕方から降り始めた雪は粒が大きく、気付くと夕食の前にはまた、かなり積もっていた。奥さんは「除雪車が来るのは昼近くになる。明日学校に行けなくなるから、今のうちに車が出られるように雪かきをして、道に轍を作っておいた方が良い」と言う。自分が子どものころ、埼玉では5センチぐらい降れば学校は急遽授業をやめ家に帰されたが、山梨では雪ぐらいでは休まないらしい。

雪深い道。一面銀世界の光景は冒険心をくすぐる

　すぐに車の前の雪をかき、車を出そうとするが、うちの軟弱な車はすでに雪の中で空回り。思いついた案は、知り合いの家まで10分歩いて下り、そこで車を借りて学校に行くというアイデアだ。いつも息子と遊んでくれる知り合いに電話すると快く了解してくれた。息子と次の日は早めに起きる約束をする。

　翌朝、奥さんは朝食を作ったあと、玄関から道に出て坂を下りるまで30メートルぐらい雪かきをしている。こっちは雪の中を歩くのにワクワクしているし、その何十倍も歩かなきゃいけないので、焼け石に水だと思うが、母親の思いに感謝する。

　息子の着替え用のズボンや手袋も持ち、準備万端、冒険の始まりだ。掘られたばかりの雪の溝を歩き坂を下りると、30センチ近く積もった未踏の雪道が目前に続いている。自分が先に歩き、足跡をつけた所を息子が歩く。雪はさらさらだが、それでも思ったよりけっこうきつい。

しかし同時に楽しい。南極探検隊のような気分だが、ランドセルをしょっている子どもがついてくるのがシュールだ。

息子もひざぐらいまである雪の中を「大変だ」と言いつつも途中、わざと転んでみたり、脇にそれたり、子どもらしく無駄なことをたくさんやっている。青い空の他に見えるものすべては雪に覆われ、シカやウサギの足跡もあちこちに残っている。「食べるもの見つかるのかな？」と心配もしつつ、普段の倍以上かかって知り合いの家に到着。小さな冒険は終わった。

興味は最強の記憶術だ

　山と樹海に囲まれた富士ケ嶺の夜は暗い。街灯もなく民家の明かりも広大な牧草地の起伏の中に埋もれ、いくつかちらほら見えるだけ。そのせいで、月明かりの存在は大きく、三日月の夜でもすでに影が見える。満月の夜などは空に裸電球がついているようで、これが夜なのかと思うほど青白く明るい。ほんの１００年前までは地球上のどこでも、夜はこんなに美しいものだったはずなのに、人間はとんでもないことをしてしまったんじゃないのか？

　息子が星座が見たいと言い出す。家のまわりは木で覆われているので、車で出て夜の牧草地へ行く。聖なる闇の他に見えるものは、静かに薄暗くそびえる白い富士山と山々、プラネタリウムのような空だ。

「ペルセウス座はどれ？　ペガサスは？」。いきなり高いハードルで攻めてくる息子。当然知るはずもないが、わずかに知っているオリオン座を教えようと思っても四角の中に見える星が多すぎてどう説明していいかわからない。わかりやすい北斗七星を見つけ、息子に教えるがそ

興味関心があれば何でも覚えてしまう子ども。その吸収力には大人もかなわない

の星座の名前は知らない。

射手座、天秤座など、どうも名前だけはいろいろ知っていると思ったら、星座の名前がついた現代版ベーゴマで戦うテレビアニメ「ベイブレード」の影響らしい。そんな経緯でも息子が星に興味を持ち、夜の空を眺めるのはうれしい。宇宙の広さ、人間のちっぽけさを実感してくれたらと思う。

子ども向け番組は影響大だ。特に男の子は熱中し始めると、夢中で何でも覚えようとする。息子は「機関車トーマス」の本を見ているうちに、すぐカタカナを覚えてしまった。200体以上もある仮面ライダーと、必殺技のすべて、その後も「バトルスピリッツ」など、何を好きになってもしばらくすると全部覚えてしまう。

自分も毎日、人生最高の音を出してやろうとギターと格闘している中で、今でも小学生並みの進化をし続けている自負があるが、めまぐるしい興味の変化のすべてを吸収してしまう本物の小学生にはかなわない。

去年はサッカーアニメ「イナズマイレブン」の影響からワールドカップに興味を持ったとたん、今度は世界の国の国旗をほとんど覚えてしまった。外国についてもいろいろ話が出るようになり、なかなか楽しいのだが、こういうところを見るとつくづく「勉強しろ」は最悪の言葉に思えてくる。

勉強に限らず、ちゃんと取り組んで欲しいことがあれば、少しつきあって、楽しませて、乗せてやれば、あとは勝手にずんずん進んでいくのではないか？

ユーモアで笑顔守ろう

3月11日。今にも家が崩壊するんじゃないかと思った世紀の大地震のせいで富士ケ嶺も停電。家の電話も携帯も通じない。大人でも初めて体験する大きな地震で子どもはどうなのかと思うが、意外と息子は「今日は宿題がなくなったよ」とケロッと学校から帰って来た。無理して平静を装い強がっているような気もした。

明るいうちはゲーム機で遊んでいた息子も、日が暮れて、わずかなロウソクだけの夕食になると、「怖い」と言い始め涙を浮かべている。「今日はパパもママも仕事しないで、ずっと一緒だし、ロウソクもついててキャンプみたいじゃないか」と言ってみるが耳には入らない。普段はおしゃべりの息子が何もしゃべらなくなり、静かに眠った。

翌朝、電気は通じ、テレビをつけてみると、あまりの被害の大きさにあぜんとする。津波が町をのみ込む映像などは、大人でも怖くなってしまう。息子がいる時間はたまにテレビをつけて、新しい情報だけチェックしたらすぐに消すようにし、しかし事実は冷静に説明するように

未曾有の大震災。子どもの笑顔を守るため、ユーモアとおおらかさを大事にしたい

した。

「地震はどうして起こるの？」「プレートって何？」。次々と質問する息子。その後は、ほぼ何もなかったように見える日常とテレビの中の悲惨な現実とのギャップをのみ込めない日々の中、今度は15日夜、時間は短いがより大きな地震。震源地は車で30分ほどの富士宮だった。

仕事をしていた自分は地下のスタジオを飛び出し、薪ストーブの蓋を閉め、火の安全を確保したあと、子どもが寝ているはずの2階へ。真っ先に駆けつけた奥さんが暗闇の中、震えながら息子を抱いている。薪ストーブの後ろのレンガが崩れたり、熱湯の入ったやかんが落ちたりしたが、取りあえず無事だ。

余震も続くので、2人に厚着をさせ、外に停めてある車の中へ避難させ、一番安全ですぐ外に出られる玄関脇の部屋に3人分の寝床を作る。徐々に余震もおさまり、2人を中に入れる。

何もしゃべらず布団にもぐる息子。物は散乱しているが、無事に息子がそこにいる事実がとても素晴らしく、ずっと顔を見ていたかった。

放射能もれの影響で子どもが外で遊ぶこともできないような日々がやって来るのか？　新たな地震の不安や大打撃を受けている経済の悪化もあり、今後どんな世界がやってくるのか想像もつかない。すべてをありのまま受け入れ、冷静さと勇気を持って最善を尽くすしかなさそうだ。個人的に人間の資質の中でとても素敵だと思うのはユーモアとおおらかさである。子どもの笑顔を守るためにも、こんな時こそ大事にしたい。

2011年 4 月～

2012年 3 月

家族一丸　未来へ進む

新学期。すべてのことが初めてで何もかもが新鮮だった1年間が終わり、息子も2年生になった。富士豊茂小でも半分以上の先生が異動になり、9人の新入生を1年間辛抱強く導いてくれた先生は離れ、2年生の担任には新しい先生がやって来た。

引き算ができたり、漢字もいくつか書けるようになったりしたが、まだ幼児のあどけなさも残り、反抗する気配もない。やんちゃ全開、子ども真っ盛りという感じである。サッカーやキャッチボールも一緒にできるようになって、父親としてはたぶんこの2~3年が一番楽しい時期なのではないかと思う。

富士ケ嶺の長い冬も終わりようやく春がやって来た。朝、食堂の窓の外に置いているエサを、いろんな鳥が入れ替わり食べに来る。聞こえてくるのは地球上でもっとも美しい音。鳥の鳴き声。平和であることのありがたみを感じる。

しかし、テレビを点け、新聞を広げれば世界は一変する。２０１1年3月11日のほんの一時、

子どもの存在は未来そのもの。子育ては小さな未来を創っていくこと

起こった自然の気まぐれから、日本は世界中の人々が心配し、支援するべき国に変わってしまった。誰がこんなことを予想しただろう？　新聞の見出しを見るだけでも、毎日新たな不安、苦しみ、悲しみ、怒りが増え続けている。

被災地からは遠い山梨でさえさまざまなことが陰り、しぼみ、難しくなるのは予想できる。東北のことを思えば、家があり、無事に生きているだけで十分ありがたいが、息子はこの先どんな世界で成長していくのか？　と考えてしまう。

しかし、ただ不安がっていても意味がない。このひと月、悲惨な出来事も数えきれないほど見えたが、こんなにたくさんの善意が見えたこともなかった。感動することも多く、まだまだ人間は大丈夫だと思えた。戦後の日本のことを思えばそう遠くない将来に必ず復興できるはず。今、ここで感じていることを未来のためのプラスにできたら良いと思う。

社会の現実はそこにいる人間の頭の中の反映である。そして子どもの存在は未来そのもの。子どもを育てることは、小さな未来を創っていくことだと思う。子どもに影響を与える親として、今こそ美しい未来の夢を見るべきなのだ。重苦しい社会の中でどう生きていくかではなく、本当の幸せ、本当の美しさとは何なのか考え、家族一丸になって未来に向かって進んでいきたい。

今回の震災で多少のトラウマも生まれたかもしれないが、普通に日常があることのうれしさ、家族がいることのありがたみを心に刻み付けた子どもたちが、お金だけではない、美しい未来を夢に描いて成長していくことを期待する。

鯉のぼり泳ぐ素敵な国

計画停電もなくなり、世の中の喧噪から遠く離れた富士ケ嶺にいて、震災の実感は薄れつつある。今も命と向き合っている人たちが沢山いるという事実の中で、なるべく現状を知っておきたいと思いニュースを見るが、最近は被災地の花見や学校の入学式の映像なども流れるようになり、少しずつ復興が進み始めているのも感じる。

奥さんは、子ども用の楽器やDVDなどを集め被災地に送り、ウイークデーは連日、被災地の子どもが集まる近くの自然学校にボランティアに行っている。自分にできることはやはり音楽なので、いくつかチャリティーライブをやることにした。大した力にはならないが、気持ちは寄せていたいと思う。

今年も息子と一緒に鯉のぼりをあげた。息子が生まれて半年目の春に2人のおばあちゃんが買ってくれた物だ。7年もたつとさすがに色もあせてくるが、そのダイナミックさは変わらない。ばさばさ音を立て、太陽を目指しているようだ。息子は当然、鯉のぼりが大好きで、大人

春の空を飛ぶ鯉のぼり。この文化がある日本は素敵な国だ

になってもあげると言っている。それはないだろうと思いつつ、なくなったら寂しいか、自分であげ続けようかとも考える。

　自分の子ども時代には家に祖母が買って来てくれたというカブトを飾っていた。それは当時としてはぜいたくな物だったらしいが、低学年のころは、怖くてたまらなかった。学校から帰って、一人でいるときなど、部屋の隅で目も見せずじっとしている小さな武士は、あきらかに怒っていると感じた。

　それに比べて、鯉のぼりは大空をバックに悠々と風になびいていて、鯉のぼりのある家の友達がとてもうらやましかった。あんなに大きな鯉のぼりがある家はきっとお金持ちなんだろうと思っていたが、いざ買ってみるとそれほど高い物ではなかった。ひな人形もシュールで美しいが、鯉のぼりはやたらデカくて、シンプルで大胆だ。

春の空を飛ぶ大きな魚の家族。風に向かって頑張っているのを見ると思わず笑いたくなってくる。いったい、こんな楽しい物を誰が考え出したのか？　何も知らない外国人が日本の春にあちこちで鯉のぼりが舞っているのを見たらとても不思議に思うだろう。そして、その理由はその家に男の子が生まれたからだと知ったらきっと素敵な国だと思うに違いない。

怒られてたくましく

ある朝、奥さんの「いい加減にしなさい！」で目覚める。足音も、ドアを閉める音も相当怒っている。怒られている息子のあたふたした様子が目に浮かぶ。

息子は毎朝のようにご飯を食べるのが遅いと怒られる。朝食のスライスチーズを細かくちぎったりして遊んでいるうちに食べるのを忘れてしまったりするからだ。そんな無意味なことの楽しさはよくわかる。自分も子どものころは、おはしを反対にしてご飯粒をこねたりとかして、よく白昼夢の中をさまよっていた。

そして、奥さんの天の声のような「早く食べなさい！」でわれに返る息子。気付くと朝食を食べ始めてからすでに1時間も過ぎている。学校に遅れそうだ。何事もきっちりしている奥さんは、遅刻を許さない。あわてて残りをすべて口にほおばる息子。ほとんど毎日のように繰り返されるわが家の朝の劇場だ。

学校から戻ってもオモチャを散らかしっぱなしだとか、歯を磨きながら本を読まないとか、

怒られる経験は大事なこと。怒られずに成長すると、大きくなってから怒られることにストレスを感じるかもしれない

優しい時間もたくさんあるのだが、怒るときは容赦ない。サンドバッグのようにビシビシやっている。「ママゴリラ」なんていう曲があるくらいだから、どこの家も似たようなものだろう。

きれい好きでもなく、何事も経験によって知ることが大事だと思う自分は、息子を怒る理由もあまりなく、ふざけ合う仲間である。自分がもし奥さんの息子だったら毎日相当怒られているだろうと思うが、自分に対しては義務もないし、今更言ったところで直らないから言わないそうだ。

そんな自分でも自分のことを棚に上げて怒りたくなるようなときは、物事を教える良いチャンスだととらえて、なるべく怒らないようにわかりやすく説明するようにしている。自分の子どものころを思い出しても、なぜ怒られるのかわからないときが多かったからだ。

タンスにシールを貼ったり、電気のスイッチを入れたり切ったりしたりとか、楽しいことをしていると母親にドッカーンと怒られる。怒られると怖くて何を言われているのか理解できずに、とにかくだめなのだと理解するだけだった。

だから息子が理解できるようにわかりやすく説明していると、奥さんとしては自分だけが悪役をやらされていると思うらしい。ときには、そこまで怒ることはないだろうと思うこともあるが、べそをかいても3分もしないうちにケロッとしている息子を見ると、これも案外必要なのではないかと思えてくる。

あまり怒られずに成長すると、大きくなって怒られることに大きなストレスを感じるようになってしまうだろう。結局うちで息子をたくましく育てているのは奥さんのようだ。

初めてのおこづかい

春の雨がしばらく降り続いた後で、富士ケ嶺にも新緑の季節がやって来た。家から一歩外に出ると、あきらかに空気の質が変わったのが分かる。あまりの気持ちよさにクラッとしそうだ。半年ぶりの緑である。緑の中で暮らしたいと思い移住してきたが、実は標高の高い富士ケ嶺は冬が長く、1年の半分は緑の無い世界。しかし、だからこそその喜びは大きく、その儚さは貴重。緑に染まった森と牧草地。これからの半年間は生命の季節である。

土曜の朝、息子がせっせと玄関の掃除をしている。靴を外に出し、ほうきで隅々まで掃き、また靴を戻してそろえる。毎週末やることになっている息子の大事な仕事である。ほかにも自分の上履きを洗ったり、言われれば風呂の掃除もやる。意外と仕事好きだ。

そんな息子がある日、お仕事したらおこづかいくれる？　と聞いてきた。町に出たときにコンビニでお菓子を買ったり、雑誌を買ってやったりしていたが、2軒の食堂以外、店というものが存在しない富士ケ嶺でおこづかいを与えるのを忘れていた。どこかでそんなことを聞いた

富士ケ嶺の長い冬が終わり、ようやく新緑の季節。これから半年間は生命の季節だ

のかもしれない。もう2年生だし自立心のためにはそれも良いかと思ったが、同時にせっかく今、喜びと奉仕の気持ちでやっていることを打算にしてしまうようなことになったらもったいないと思い、「ママと相談して決めるから」と言って保留にした。

　夜、奥さんに話すと彼女も同じ考えで、おこづかいはおこづかいとしてあげようということになった。翌朝、息子に話すと、「いくら?」と聞かれ、500円か1000円かと思いつつ、とりあえず「300円だな」と言ってみた。当然少ないと言うかと思えば「やったー」と喜んでいる。拍子抜けしたが、親戚の人にもらったお金も財布に入ってるし、少なくて満足しているならそれは良いことだろうと思い、しばらくはそのままにしておくことにした。

　翌日は母の日。家族3人で食事に出掛けた。息子と相談して、途中のホームセンターに寄り、園芸売り場で息子がカーネーションを買う計画を立てた。ママに気付かれないように息子と目配せ。花1輪を想像していたが、買い物を済ませて戻ると何と200円の花束を二つ買って車の後ろに隠れて待っていた。初めてのおこづかいを全て、プレゼントにつぎ込むとは驚いた。うれしそうに花を差し出す息子。思い出に残る瞬間になった。

広大な森で小さな冒険

母なる樹海。何日か仕事で都内などに出掛けた帰り道、樹海の中を10キロほど通る県道71号線に入るといつもそう感じる。富士ケ嶺ののどかな世界を守っているのは、富士山とこの青木ケ原樹海である。

世間的なイメージは良くないが、自分は溶岩の上にできたこの広大な森が大好きだ。一歩足を踏み入れたとたん目に映る、永遠なる森の世界とひんやりとした空気に毎回、自分が浄化されるように感じる。

土はなくデコボコの溶岩をむき出しの根がつかみ、予想外に曲がったり縮れたり、常軌を逸した生え方をしている木が連続している風景は、グロテスクであると同時に美しく、文明の入り込む余地のない聖なるおとぎの森である。あからさまに地球のエネルギーが吹き出しているパワースポットだとも言える。いつでもそこに自由に入ることができる環境に幸せを感じる。

週末のツアーから戻った月曜日、学校の創立記念日で休みだった息子を連れ、新緑の樹海へ。

息子との小さな冒険。森の中で、心は完全に解放される

まずは息子が行きたがった富士風穴へ。自分は何度も入っているが、去年息子が初めて入りたがった時には何の準備もなく入れなかったので、この日はヘルメットと懐中電灯、手袋を用意して洞窟へ続くはしごを下りた。

しかし洞窟を下ると、足元の岩はまだ氷に覆われている。慣れない息子が滑って頭でも打ったらまずいと判断し、夏にまた来ようと約束して外へ出た。

そのまま精進湖まで歩いても良かったが、遊歩道を周回できるコースのある野鳥の森公園へ行くことにした。誰もいない木漏れ日の中を息子とどこまでも歩いて行くすてきな時間。息子は面白い形の岩や木を見つけては立ち止まってじっと見ているかと思うと、意味もなく先まで走るなど、気の向くままに体力を浪費している。息子が無駄に走っている時はいつもうれしさがこみ上げている時だ。

自分も走りはしないが、子どものころ友達と遠くへ探検した時のように気分は小学生だ。2人で歌を歌い、途中で謎の滝を見つけたり、疲れたら休んでおやつを食べたり。分かれ道をどっちへ行くか？　森の中では何が起こっても楽しく、心は完全に解放される。

最後に道ばたの小さな池の中にコイを3匹発見。近くへ寄って見るとアメンボと共に、信じられないほどの数のオタマジャクシ。カエルが大好きだった自分でさえ驚くほどの数だ。ひと月後にたくさんのカエルが遊んでいるところを見に来ようと約束して小さな冒険は終わった。

父と息子、男2人きり

今年はいつになく早い梅雨入り。梅雨は嫌いではない。雨が葉に落ちる音、緑と土の匂い、そして、世間的にはいやがられる湿気も自分には素肌に気持ち良いと感じる。気温次第だが、ギターの弦がさびたり、カビのことを気にしたりしなくていいなら、毎日窓を開けていたいぐらいだ。

ここ数年、アロマだ、レイキだ、食育だと、心と体に関するあらゆる興味を実践する奥さんも、このところ忙しく、今週は2度、2日ずつ、研修などで家を空ける。自分もレコーディングの仕上げなど、やらなければならないことが山積みだが、ツアーに入れば何日も家を空けることになるので、ここは全面協力しなくてはならない。自分1人なら何ともないが、普段、日常の重要なことのすべてを担っている奥さんがいない中で子どもの生活リズムを守るのはちょっとしたプレッシャーである。

しかし、用意周到な彼女は、2日間の朝晩の食事の準備と進行表も用意し、合間に細かい指

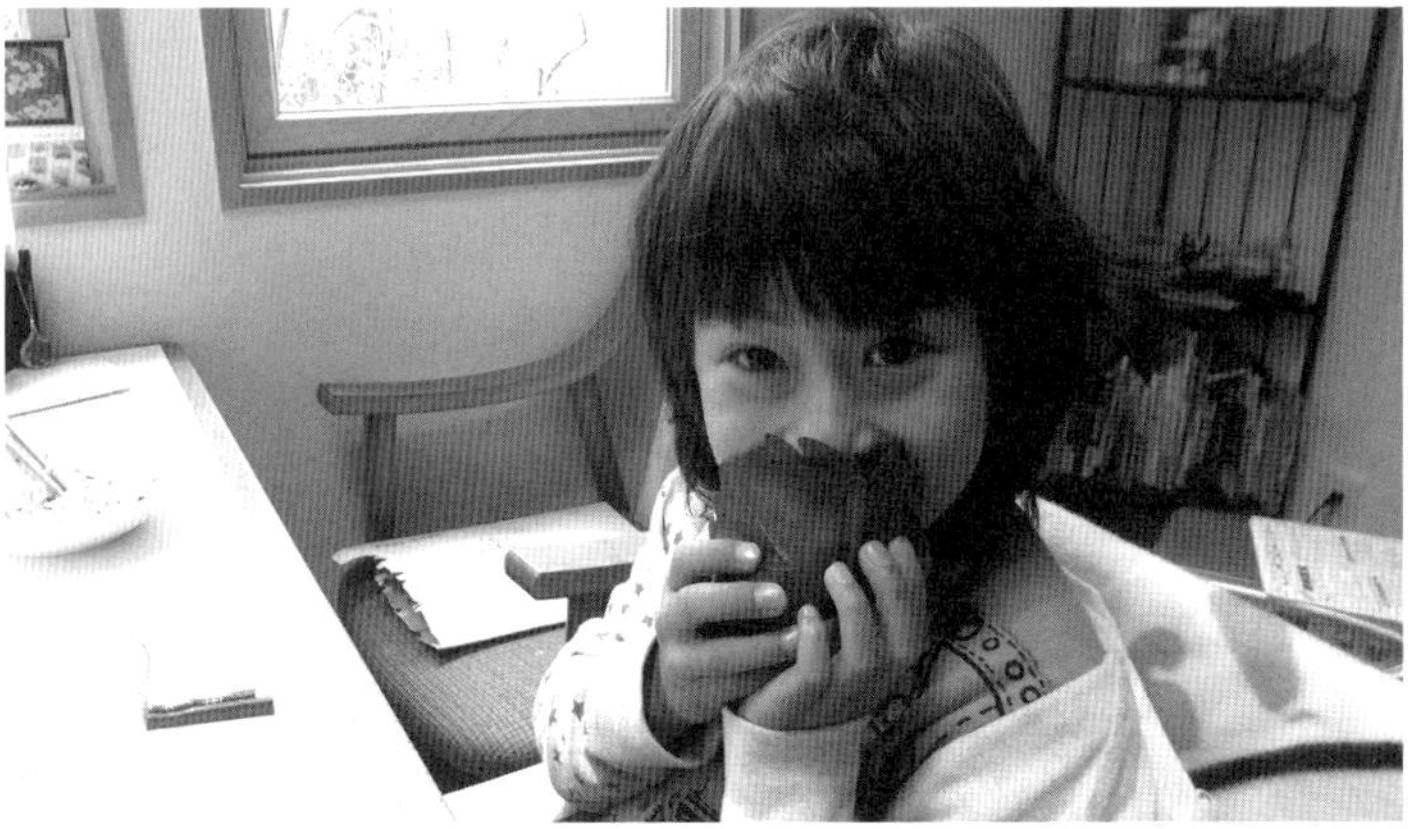

他の家庭にも時々あるだろう父子２人だけの時間。奥さんがいない中で子どもの生活リズムを守るのはちょっとしたプレッシャーだ

示の電話も入る。さすがだ。ここぞとばかりに、すべてが適当になってしまう余地はない。無事に1日目は終わるが父子2人の生活は親密な半面、いつもの楽しさも半減する。普段の息子との無邪気なじゃれ合いは、奥さんがきちっとやっている上で成立していることに気付かされる。

2日目の朝はモーニングコールで始まる。息子と2人で進行表をチェックしつつ、朝食を済ませ、冷蔵庫に用意されたお茶入りの水筒を息子に渡す。今日は小学校の月に1度の課外授業の日である。西湖付近のコウモリ穴に行って、そこから樹海を歩き、野鳥の森公園の芝生でお昼を食べるとのこと。お弁当は近所の人に頼んで作ってもらった物を出がけに受け取り、息子を学校に送った後、用事で富士市まで出掛けた。

しかし、着いてみると車中に息子が忘れた水筒を発見。まったくこんなところは自分そっくりだ。今更どうしようもないし、なきゃないでそれも経験だろうと思い、忘れることにした。いくつか用を済ませ、自宅に戻る手前で時計を見ると、11時40分。息子の今日の予定が頭をよぎる。今行けばお弁当に間に合うと気付き、仕事はつまっていたが、持って行くことにした。

公園に着いてみると、まだ息子たちのクラスはいない。仕方なく、息子たちが歩いてくるだろう遊歩道を歩き出す。1キロほど歩いたところで遭遇。いきなり樹海の中に現れた友達のお父さんに驚く息子の同級生を前に、無事にお茶を渡す。息子もさっき気付いたところだと言う。さすがだ。おかげで、運動不足も解消された。

神様がくれたご褒美

「いーち、にーい、さーん、しー、ごー、ろーく」。湯船から小さな頭を出し、数を数えている息子。富士ケ嶺の冬はとても寒いので、小さいころから30まで数えて風呂から出すようにした。夏はそんな必要もないのだが、本人はそういうものだと思い込んでいるので冬のためにそのままにしている。

自分が子どものころは熱い風呂の中で10数えるのもやっとだったことを思えば、相当に偉いもんだ。家にいるときは毎晩、風呂で息子の、このカウントを聞いている時間はまったくのんきでめでたい。毎日戦いのようにギターを弾き、ネーティブアメリカンの聖地や、インドにまで瞑想の修行に行った日々は何だったのかと思ってしまう。同時にこのやわらかな時間は神様がくれた素晴らしいご褒美のひとつであると思える。

まだ据わらない首を不安げに抱え風呂に入れていたころから、やがて湯の中で立てるようになり、一緒に歌を歌い、アイウエオを教えたり、世界地図を見るようになったり、風呂の時間

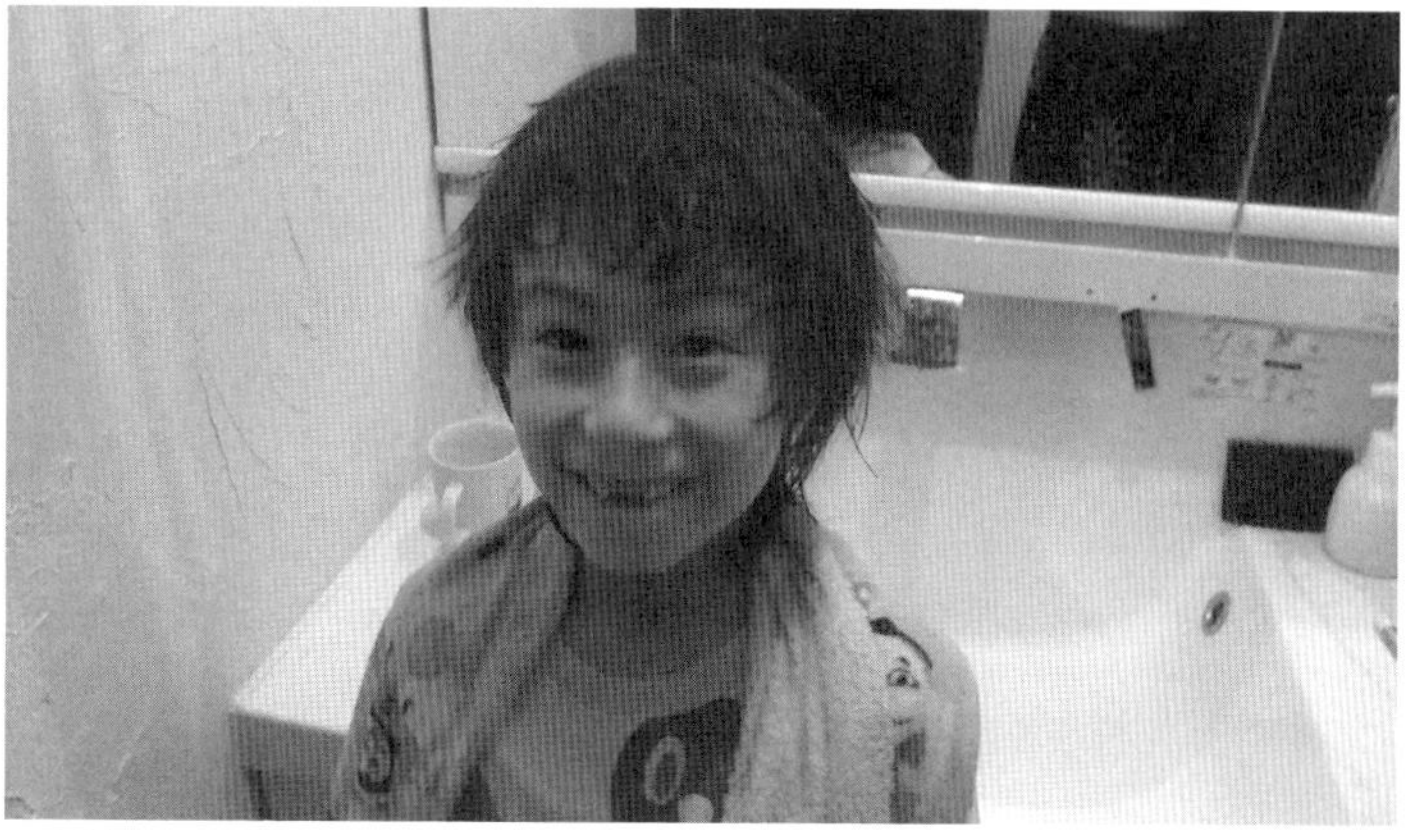

風呂の時間は子どもの成長とともに変化していく。しかしその記憶は永遠だ

も子どもの成長とともに変化していく。小さな空間に2人、裸で何も持たず、ときには雨の音、虫の声を聞き、湯に漬かる純粋なコミュニケーションの時間。こんなふうに一緒に風呂に入るのも、もうそう長くはないと思うが、この記憶は永遠である。

小学2年生といえば自分もまわりも見え始める、精神的なゆりかごからの目覚めの時期。断言していいのかわからないが、少なくとも自分においてはそうだった。高校まで野球に熱中し、今の自分をも支えていると思われる「根性」に目覚めたマンガ「巨人の星」や、今も続くロック人生のきっかけとなる「ジュリー」が自分の人生に現れ熱狂した。

息子も今そんな所にいるのだろうか？　それともすでに起こったか？　単純に好きなもの、嫌いなものの中にこそ個性があり、本当に追求したいものに出合ったとき、自分の中で爆発が起こる。頭ではコントロールすることができない、止められない感情。犬のような気持ちで好きなものを追い続けていけば、いつか本当の自分に出合うだろう。将来どこで何をしようとかまわないが、情熱と共に生きてほしい。

「にじゅうはーち、にじゅうきゅう、さーんじゅう！」。乳歯の前歯が抜けた大口を開け、数えている息子を見ると、もうこれ以上大きくならなくて良いんじゃないかと思ってしまう。風呂から上がり、頭を乾かしてやると、今日の電池の残りもあとわずか。パジャマを着て、腹巻きをし、ママとベッドの中へ。「今夜も楽しい夢を！」

会えない時間が紡ぐ絆

母親と2人でスイスに行った。母の幼いころからのあこがれの場所であり、自分も子どものころ、マッターホルンの話などを聞かされていた。母子家庭のため母はいつも働いていた。旅行へ行った記憶と言えば大阪万博へ行った記憶があるだけで、70を過ぎた今、元気なうちに一度スイスへ行きたいと言った。

海外の旅には慣れている自分が、通訳とコーディネートを兼ねて行けば自由な旅を楽しんでもらえるかと思い、計画し、一緒に行くことにした。初めて親子で遠い昔に母が話していたマッターホルンや、アルプスの村などを実際に一緒に体験した濃密な10日間は、忘れることのできない時間となり、人間としてのお互いを理解する良い機会にもなった。

旅を終えて家に戻ると、久しぶりに会う息子は日に焼けてずいぶん大人っぽくなった印象を受けた。ちょうど小学校のキャンプから戻ったところで疲れていたのもあるかもしれないが、顔つきや声のトーンも以前と比べ抑え気味な感じがして、日々の小さな変化を一気にまとめて

息子と会えない期間。会えないからこそ思い合うこともできる

見るとこうなるのかと思った。

息子は3500メートルのスイスの山頂、ユングフラウヨッホから出した絵はがきが届いたことに驚いていた。そして、1週間後に始まる自分の地方公演に時を合わせて、今度は1週間もしないうちに奥さんと息子がアラスカの彼女の妹の家に行くことになっているのだった。

旅立つまでの残された時間で、欠けていた時間を埋めようとするかのように息子は朝から「遊ぼう！」と起こしてくるが、こっちは時差ボケで、朝方眠ったばかり。おまけに、10日間の間にたまったヤボ用、原稿書きの仕事、週末から始まる次のツアーのために指のコンディションも整えなければならない。

「今眠いからダメだよ」とか「これからギター弾くから」と言うと、AB型の息子はぐっとこらえてしまう。少しぐらいダダをこねても良いのにとも思うが、唯一約束していたプールも行こうとした日は休みなのが判明。あきらかに背中がとぼとぼしている。夕方寝不足の頭で、サッカーをやるも、元気が無いので盛り上がりに欠け、息子の方から「そろそろやめようか」と言い出す。結局大して相手をしてやれないまま、あっという間に別れの時はやって来た。「パパと一緒に行きたかった」とべそをかく息子。「悪かったな、楽しんでこいよ」と言って別れた。

アラスカで何を見ても喜ぶだろう息子を見られないのは残念だが、会えない時には普段以上に思い合うことができる。それはそれですてきじゃないかと納得する。

存在するだけで親孝行

息子と奥さんは奥さんの妹夫婦がいるアラスカへ行き、自分は北陸、関西をツアーして自宅に戻るも、2人が戻るのはまだ約1週間後。久しぶりの孤独との対面である。

自分は家庭環境の影響で子どものころから一人でいることが多く、30代の前半に5年半も一人でカリフォルニアにいたこともあり、不安定でありつつ、満たされているとも言える慣れ親しんだ時間。一人になったとたん生活のリズムはバラバラになる。

外へ出て行く仕事がない限り、家でやることと言えば作曲、音とアートの探究である。一人であれば、いつ寝ていつ起きるかは神のみぞ知るだ。30代のころは本ばかり読んでいたが、最近は昼も夜も意識することなくギターを抱えている。風呂は面倒だからシャワーですませ、食事もレトルトのカレーや、スパゲティで文句無し。寝る時は大音量でワーグナーを聴きながら寝る。

ギターを弾きながらも何かを考え始めると、無制約にどこまでも続き、魅惑的な世界を発見

子どもは存在するだけで親孝行。頑張る力を与えてくれる

したり、深い闇の中へ落ちたり。これが自分の愛していた日常だったと懐かしくなるが、こんなふうに生き続けていたら心も体ももうたぶんぼろぼろになっていただろう。

息子の誕生と、それに伴う奥さんの母親としての責任感が今の規則的、健康的な生活のリズムとおおらかな日常をくれたのである。その上で、成長する過程を見逃したくなく、仕事が忙しい時にもせめて朝メシぐらいは一緒に食べようと思ったのが始まりだった。すべての始まりは子どもの誕生。子どもは存在するだけで親孝行なのだ。

やがて、2人が帰ってくる日。孤独な時間をたっぷり過ごした後で2人に会えると思うと胸がときめく。幸せな気分で成田まで車を飛ばした。

到着ロビーに現れた2人が、手を振りながら近づいてくる。その最高にうれしそうな笑顔を見ると、自分はこの2人に本当に必要とされているのだと実感する。久しぶりにつながった家族の環。息子から飛び出してくる元気、楽しさ。これが自分の孤独な世界に欠けていたものだと感じる。今の自分の音楽にも軽やかさを与えてくれているのだろう。

アラスカの大自然と英語を話す社会の中でたくさんの刺激を受け、吸収してきたのであろう、前にも増してオープンになっている息子。帰りの車の中で、熊を見た、氷河を見たとマシンガンのようにしゃべり続けた後、力つきて助手席のシートでぐっすり眠った。開いている口の中で大人の前歯がしっかり生えていた。

子どもが輝く夏の1日

普段の週末はライブで出掛けることが多いので、夏休みの後半はなるべく仕事も入れないようにしていた。息子とともに自分もしばし、仕事を忘れて夏休みだ。プールに花火、ディズニーの映画を見に行ったり、山に水晶をとりに行ったり。どういうわけか今年初めてわが家の小さな丘に木いちごがなっていた。早速摘んで、息子はママとジャムやゼリーを作った。

自分にとって子育ての中で圧倒的に大事なのは遊びである。遊びを通して、理解や絆は深まり、それが信頼や思い出に変わる。あまりにふざけたことをすれば当然怒りもするが、遊びがうまくできていればちゃんと気持ちも通じると感じている。しかし、子どもと遊ぶというのは、喜びや楽しさの半面、どうしても自分が子どものレベルに降りて、遊んでやっているという気分になりがちだ。

しかし、夏休みのように連日密接にしていると、それはそれで、また新たなレベルが始まるのだった。一緒にいると、ごく自然につながり始め、どうすればもっと楽しくなるか直感的に

親子で過ごす夏休み。子どもの輝きを全部受け止めてあげる、そんな日がもっとあってもいい

なり、すごくわかり合ってくるのである。なぜ、子どもがいつもどうでもいいようなくだらないことでそんなに楽しいのかも何となくわかってくる。酔っぱらっているような、素晴らしく幸せな気分である。それは子どもだけが持っている宝物であると思われがちだが、実は大人もみんな心の奥に持っているはずだと思っている。

夏休みの最後は丸1日息子と過ごした。朝からプールへ行き、ほんのわずかだが、泳げるようになるのを手伝ってやり、雨が降りだしたのでBBQは家のテラスでやり、そのまま熱帯のスコールのような雨をながめながら他愛もないことを話して時間を過ごした。

夕食前には去年結婚式に呼ばれて2人で歌った歌を一緒にレコーディングした。スタジオには大事な物がたくさんあるので、普段息子は立ち入り禁止にしている。息子が物心ついてから一度だけ、2年前に彼の歌をレコーディングした時に入れたことがあるだけで、今回は2度目である。なので少々はりきり過ぎていたが、楽しい時間だった。

一日中向き合っていたのがよほどうれしかったらしく、寝る前に何度も何度も「今日が夏休みで一番いい日だった。ありがとう」と言っていた。それほどまでにうれしかったのかと、驚いたり、うれしくもあったが、自分にとってもまったく楽しい1日だった。子どもの輝きを全部受け止めてあげる、そんな日がもっとあってもいいんじゃないかと思った。

好きなことは一生懸命に

9月の上旬、富士ケ嶺でも強烈な雨が降り続いた。富士山をはじめ、どこの山も少しは崩れ地形も変わってしまったのではないかと心配になるが、富士豊茂小の校庭にも富士五湖に次ぐ新たな湖が出現、地域の一大イベントである運動会も延期になった。2日間休みになり暇を持て余した息子から「遊ぼう！」攻撃のラッシュが続く。

こっちも疲れてきて、「ピアノはどうしてる?」と言ってみる。息子はすでに丸3年ピアノを習っている。特にピアニストにしたいとか、音楽の英才教育をしようと言うのではない。自分で音楽を奏でられることは特別に素晴らしいことだと思っているし、音楽を通してやってくるイマジネーションを感じ取ることも宝物となるからだ。いつかどんな形であろうと音楽をやりたくなった時にも役に立つだろうと思っている。

家で子どもが弾いているピアノの音を聴くのは良いものだ。片手でたどたどしく弾いていたころも何とも言えない良さがあったが、ここのところは左手も使って多少演奏らしくなりつつ

ピアノを弾く息子。親にできるのは可能性を見せてあげることだけ。それを選ぶかどうかは彼の意思ではなく本質だ

はある。

しかし息子がピアノを弾くのは週に2、3回、それもママに言われて弾き始め、5分で終わる。毎週の課題は何となく弾けているのでそんな感じで続いてしまっているが、毎日8時間でもギターを弾いていたい自分からするとかなり物足りない。

わが家の家訓としては「せめて楽しいことくらいは一生懸命やれ。一生懸命やりたいと思えないことならやるな」だ。楽しいことをそれなりにやっていたら人生の最も大事な部分を逃してしまうし、頑張ることによって知る、もっと大きな喜びに出会うことも無くなってしまう。

あまりにも自分からは弾こうとしないので、半年に一度ぐらい「好きじゃないならやらなくてもいいんだぞ」と言ってみるが、その度にべそをかきながら「やりたいんだ」という息子。しかし言うだけでやはり弾かないし、せっかく弾けるようになった曲もすぐに忘れてしまう。

無意識に親の期待に沿いたいだけなのだろうか？　親にできるのは可能性を見せてあげることだけで、それを選ぶかどうかは彼の意思ではなく本質だと思っている。楽器など自発的にやりたくならなければ意味がない。

やめるも良し、本当にやりたくなればなお良しと思い、今回は「しばらくの間、見てるから、弾きたくないようだったら本当にやめよう」と言った。多少脅迫的だったがその後は少し弾くようになった。この間に音と仲良くする喜びを見つけてくれれば良いと思うが、果たして？

「家族の誕生日」を実感

台風で1週間延びた、富士豊茂小の運動会は翌週無事に開催された。息子が正月に掲げた今年の目標、「運動会で優勝する」は無事成し遂げられた。先生たちは全校生徒29人を2チームに均等に分けたと思うが、あきらかに貧弱に見えた息子の白チームがどういうわけか終わってみると勝っていた。取りあえず有言実行である。

失敗したのは、閉会式の結果発表を待つ時の期待と不安がまじり合った息子の表情が、「やったー!」に変わる瞬間をビデオに収めなかったこと。そんなドラマチックな瞬間がそこにやってくることを予想していなかったが、この目でしっかり見られたのは良かったか。

運動会が終われば息子にとって、もっと大事なイベントが控えている。8回目の誕生日である。「あと1カ月!」「あと2週間!」「あと5日!」と毎日数えて、「前の日は眠れるかな?」と何日も前からドキドキしていた。今年もまたあの挙動不審な幸せ君が現れるのかと思いつつ、お祭り好きな息子のために、夜中に飾り付けをする。

子どもの誕生日は「家族の誕生日」。家族のうれしい一日だ

翌朝、それを見て喜んだ息子。しかし去年ほどうれしすぎてしまっている感じではなかった。それでも100%の幸せ君という感じで1年間の成長が見えた。今年は夕方、家族で約束のオモチャを買いに行き、帰ってそれで遊び、ママにリクエストしたごちそうとケーキを食べるという計画。放課後、奥さんと2人で迎えに行き、飛び出して来た息子を連れて富士宮のショッピングモールへ。

「あー、楽しみ。もう、うれしくて我慢できないよ」と息子。「ときめいちゃってるのか?」「それ、どーゆーこと?」「そのことを考えると、うれしすぎて胸がビンビン来ちゃうことだよ」「あー、それそれ!」。車を降りると、すぐに走りだす息子。しかしこっちは歩いているので、戻って来て、また走るを繰り返す。あまりにおかしく、もっと乗せてやろうとこっちも一緒になって走りだす。

ママを置いて2人で笑いながらオモチャ売り場へダッシュ！　それは予想を超えた楽しさで、こんな瞬間が人生にあって良かったと思わせてくれた。欲しいオモチャと感動の対面、レジでお金を払う。しかしまだ渡さない。サービスカウンターでラッピングしてもらってから「はい、おめでとう！」。大きな袋を抱えて、今度はスキップして車に向かう息子を見て奥さんとまた大笑い。このうれしさは何なのだと思っていると、「今日は家族の誕生日なのだ」と気付く。

息子の誕生により、ママとパパになり、家族が生まれた日。家族のうれしい一日。

田舎だからこその体験

富士ケ嶺は僻地である。僻地の正確な定義があるのかどうかわからないが、スーパー、コンビニはなく、電車もない。バスはお年寄りが町の病院に行くための1日1往復のみ。街灯もほとんどなく、子どもに渡り方を教えるために作ったという信号がひとつ。食堂2軒、最近できたカフェが1軒、そして、ガソリンスタンドを兼ねた農協、床屋さん、歯医者さん、ペンション、ホテルが1軒ずつですべてである。中学校はこの春廃校になり、交番、病院もない。しかし獣医さんは24時間体制で3人もいるという酪農地帯。各家の敷地が広大だ。

東京の友人、地元の知り合いでさえ「何もない所」と言う人もいるが、自分的には「本当に大事なものはすべてここにある」と思える。富士山と樹海に囲まれ、牧草地が広がる壮大な自然、ゆったりとした時間の流れ、おおらかな人の結びつき、夜の闇。野生動物たちと共存する童話のような世界は、都内まで2時間という距離に奇跡的に残された首都圏最後の楽園である。

戦後になるまで人が住むことのなかったこの土地を、開拓し、人が暮らせる美しい世界とし

富士山に抱かれた富士ケ嶺。「大事なもの」がここにはある

て残してくれた方々には感謝に堪えない。現代では、どこの家にも車があるので、不自由さもない。樹海を抜け、30分走ればほとんどのものが買えるし、病院にも行ける。都内でも病院に行こうとして30分かかるのは普通である。

そして、子どもたちはいかにも田舎の子どもという感じであけっぴろげである。息子にとって一番近い友達の家までは歩いて20分。休みの日はお弁当を持って出掛ける。森と牧草地を抜け、途中シカに遭遇することも普通にある。

ここでは子どもがお金を使う店もなく、夜遅くまでたむろする場所もない。中学生や高校生になって女の子とデートする時にも車で送り迎えすることにもなりかねないが。当然、家族と数少ない友達の結びつきは深く、大事なものになる。

必要にかられ、地域でつくったという富士豊茂小も今年の全校生徒は29人。その中には兄弟も多く、移住して来た自分でさえその両親の顔まで思い浮かべることができるほどだ。人数が少ないがゆえ、縦の結びつきも強く、上級生も下級生も一緒になって遊ぶ。運動会も文化祭も全員が機能して、目いっぱいやらなければ成立しないので、誰一人サボることもできない。

こんな場所に生まれ育った子どもたちは大きな社会に出れば驚くことも多いかもしれないが、その先の未来にきっと必要とされるであろう貴重なことを学べているのではないかと思う。

掃除にも成長の片りん

富士ケ嶺出身のカヌー選手、渡辺大規選手がペアでアジア選手権優勝。2012年のロンドンオリンピックに行くことになった。通称ヒロ君。彼の家とはご近所さんで、わが家が忙しい時、息子の面倒もよく見てもらっている。息子にとってはあこがれの筋肉マンで、そんな彼がオリンピックに出るというのは、富士ケ嶺では大ニュースである。なでしこジャパンや北島康介選手と一緒にヒロ君が開会式で入場行進するところを想像するとエキサイティングだ。

今月上旬、自分の新しいアルバムのプロモーションもかねて、「田舎暮らしの本」の自宅取材を受けた。わが家は場所柄、泊まりがけで来る友人が多く、おかげでその都度、家は最低限、整理される。だが今回はこれを機にいつか片付けようと端の方に無意味に物が積んであったりしてあるところも徹底的に片付けようということになり、前日から本格的な大掃除が始まった。

息子も今まではゆるかったオモチャの整理を急に「ちゃんと片付けろ!」「いらない物は捨てろ!」と両親からビシビシ言われ、あたふたしている。子どもにとってはいい迷惑である。

カヌーのロンドンオリンピック代表に決まった渡辺大規選手（左）。息子にとってはあこがれの筋肉マンだ

「人が来たっていつもみたいに散らかってたっていいんじゃない？」という息子。確かに、人間、常にありのままであるべきだと思う自分もいるが、愚かな大人としての自分はそうもいかない。「人が来る時にはきれいにして迎えたいんだよ。青君だって部屋がきれいになったらうれしいだろ？」。これも真実。親に似て、物を捨てるのが苦手な息子も、しょうがなく整理を始め、今はもう使わないオモチャや本を分け、ごみ袋に入れ、別れを告げる。

その中には何度もせがまれて一緒に読んだ絵本やオモチャがたくさん。それを見ると、今度は自分の方が部屋に持って行ってとっておきたくなってしまうが、これも大事な成長の過程なのだとふんぎりをつける。

念願だったテラスも整理し、庭に積みっぱなしだった丸太をチェーンソーでぶった切り、薪にして積んだ。息子もずいぶん大きな薪を運べるようになった。冬支度もかねての大掃除、いざ始めれば息子もわが家の一員として大活躍。時間切れで、無理やり倉庫に突っ込んだ物もあるが、最後は一緒に大量のごみを捨てに行き、息子の毎週の仕事である玄関掃除で終了。取材は自宅、牧草地、樹海で行い、息子もエキストラとして十分に活躍した。

家族3人、すっかり片付いた家でリラックス。終わってみれば家族が協力して過ごした2日間、意外とキャンプでもしたかのようないい時間だった。

大人になるための試練

アラスカに住む、奥さんの妹に赤ちゃんが生まれることになった。息子にとっては初のいとこの誕生である。しかし、うかうか喜んでもいられない。産後のケアのため、奥さんが妹の住むアラスカへ8日間行くことになったからである。

いまでも毎日寝る前にママに本を読んでもらい、寝かしつけてもらうのを無上の喜びとしている息子にとっては、一大事である。ひと月前に初めてそのことを聞いた時も涙で目がグジャグジャになっていたが、3日前になってもいっさい受け入れる覚悟はできず、その話題になると、もう涙目で「ママ、早く帰ってきて！」である。

「パパなんか青君の年には毎日1人で寝てたんだぞ。そういう時はな『僕のことはいいから、ゆっくり行ってきてあげて』って言うんだよ。カッコいいじゃないか」。からかい気味に取りあえず言ってみてもやはり何の効果もなく、「ウワー！」と泣きだし、火に油を注ぐだけのようだ。いつもは悪ふざけが好きな息子も、まったく余裕無し。自分も奥さんも吹き出しそうなのを我慢するのが大変である。

前日の夜になっても事態を受け入れられないので、風呂に入りながら、「どうせ泣いたって笑ったって同じなんだぞ。おばさんにせっかく赤ちゃんが生まれるのに行ってあげなくていいのか？」と言ってみると、さすがに2年生、状況は理解できるらしいのだが、やはりべそは止まらない。ここは少し大人になるための試練の時なのだ。ママが帰ってくる日に学校が終わってから2人でドライブして新宿まで迎えに行こうと約束した。

そういう自分も、奥さんが作っていった、毎日のやることリストを見ながら、しかも途中、

ママのいない１週間。少し大人になるための試練の時なのだ

おばあちゃんまで家事をしに来てくれるとはいえ、さすがに8日間の子どもの世話は緊張する。合間にはライブもあるし、取材もある。早速初日からご飯を焦がした。それを見た息子、「パパ、ご飯焼いたの？」「まあね」「焼きおにぎり？」「そんなようなもんだよ」。焼きおにぎりが

好きな息子、パパのはやっぱりおいしくないと思ったかもしれないが、取りあえずはセーフ。

「ママ早く帰ってこないかな」「楽しく過ごしてればあっという間だよ」「楽しく過ごしてれば？　わかった」。自分なりに覚悟を決めたのだろうか？

とにかくスタートとしてはまあまあだ。この8日間、多少のことは大目に見て、なるべく楽しく過ごさせてやろうと思った。

スリリングな3世代生活

奥さんはアラスカに住む妹夫婦の産後のケアのため8日間家を空け、心細い父子家庭に母が手伝いに来てくれた。さすがに熟練した家事のプロ、慣れないキッチンもばんばん使いこなし、掃除に洗濯、たき木集めまでしてくれた。これで自分も迫っていた新たなツアーのための準備に頭を向けることができた。

母は実の両親の顔を知らない。そして自分と息子は一人っ子。少数精鋭の家系である。気付いてみたら3世代による初の共同生活が始まっていた。

初めのうちはワイワイ楽しくやっていたが、2日もすると息子は「ママ早く帰ってこないかな」を連発し始める。やはり何といってもママである。一心同体だったのだからしょうがない。いつもは陽気な息子も次第に不機嫌になりがちになり、あきらかに余裕がないのがわかる。

普段両親には言われないようなことをおばあちゃんに注意されると、こんなところがあったのかと思うほど怒りを見せる瞬間があり、しかし、次の瞬間には、2人で協力して薪を運んで

3世代の共同生活。スリリングな8日間で得たものは?

いたり。息子も幼いなりに頑張り、努力しているのだろうか？楽しい時間と難しい時間が交互にあり、自分も常にバランスを考えつつスタンスを取る、なかなかスリリングな日々だった。

合間には祝日があり、家からも見える竜ケ岳に3人で山登りをした。30分登ったところで見上げた、頂上のあまりの高さにうんざりしながら登っていた息子も、自分の足で頂上にたどり着いたこと、そこから見た景色には感動を覚えたようだった。初登山がこんな試練の時だったのも意味があったのではないか。混乱の中でママのいない毎日に徐々に慣れていった息子。なんとか8日間頑張ってやり過ごし、帰国するママを、車で新宿まで迎えに行く。「俺、もう心臓が爆発寸前！」と息子。無事ママと再会、食事をし、マシンガンのようにしゃべり、帰りの車中、安心して眠りについた。この8日間で少し大人になったのだろうか？

アラスカの妹夫婦は喜びの中で、慣れない子育てを協力し合う。奥さんも往復2日もかけてアラスカへ行き、家事を手伝う。日本では自分と息子におばあちゃんまで頑張ってくれた。人が1人生まれるというのは相当なことである。そして地球上には70億人もの人が存在するという事実にクラクラする。想像を絶するエネルギー！　感動の星である。

チームワークで冬支度

1週間続いたコンサートツアーから戻り、この日は久しぶりに家でのんびり。緊張感から解放された、うれしい家族との時間だ。しかし、まだ紅葉前だった京都から戻った身に富士ケ嶺の寒さはしびれる。しかも翌日の予報は雪。あわててタイヤ交換することにした。

普段ほとんど家事は奥さんに任せているが、薪の準備とタイヤ交換などの冬支度は唯一自分の仕事として率先してやっている。田舎暮らしには何かと力を使うことが多い。都内の生活ではタイヤを替える必要もなかったが、今では熟練しつつあり、薪の準備とともにいい気分転換として楽しんでやっている。

例によって息子は何でもやりたがる。「タイヤは俺が全部出すから」。それは無理だろうと思ったが「やってみな」と言ったら「ウォー!」という気合の入った声を出しながら重たいジャッキを運んできた。

続いて、最近だじゃれにハマっている息子は「タイヤは重タイヤ」と言いながら、彼にとっ

親子の協力でタイヤ交換も無事完了。いつの日か息子が当たり前のようにやってくれる日が来るのだろう

てはとても大きなタイヤを転がして運んできた。「これは前の左、次は左の後ろ」。タイヤの置き場所を教えたらその通り見事に4本並べた。ずいぶん使えるようになっている。

去年まではできないながらもいろいろやりたがり、1人でやればすぐに終わるところを、時間をかけ、辛抱しながら共同作業をしていたかいがあった。指示する前からスタッドレスタイヤの溝に挟まった小石を取り、ジャッキで車を上げるのをはりきっている。

固いネジの開け締め、タイヤの付け替えは重いので当然自分がやる。「ジャッキで上げる前に、まずネジを緩めるんだよ」「どうしてタイヤの場所が決まってるの?」「タイヤの同じ場所ばかりが減らないようにだよ」。そろそろ家の中の生活ではそんなに教えることもなくなってきたが、力仕事に関してはこれからのようだ。

見事なチームワークで無事に完了。交換したタイヤをしまうのも全部自分でやると言う。「すごいぞ青君、パパ助かっちゃうな」。子供はほめればもっと頑張ろうとする。「行くぞ、行くぞー」と遊びのようにタイヤを転がし、楽しんでやっている。終わってみると、息子が急に頼もしく見え、彼も自分が対等にやったという満足そうな顔をしていた。

いつの日か自分より力強くなった息子が当たり前のようにやってくれる日が来るのだろう。そんな時には今日のことをうれしく思い出すのかもしれない。夢のような時間を生きているのだと思った。

息子と共演、成長実感

仙台、宇都宮、甲府と3日間続くライブ。3日目の朝、同行しているメンバーから、今日息子は出ないのかと聞かれる。ここ最近、子育てのイベントや河口湖誕生祭、結婚式などに呼ばれた時に余興として、一緒に歌ったりしていたからだ。別に仕込んで芸能人に仕立てようというわけではなく、純粋に楽しく、お互いにすてきな体験だと思うからやっている。

今回はまともなライブなので考えてもいなかったが、山梨では子育てコラムも書いていることだし、それも面白いかと思い、早速息子に電話する。「青君、今日のライブで一緒にやるか?」「やるのは何時ごろ?」「アンコールだから8時半ぐらいかな?」「遅いね。1曲ならいいよ」。人前で歌うのは好きだが、9時の就寝時間を鉄則としている息子は眠くなってしまうので、そこは妥協しない。曲目まで自分で決めて電話を切った。

夕方、ママに連れられて来て、リハーサルをやる。自分なりの子育ての重要な部分として、息子が生まれて半年ぐらいたったころからアコースティックギターで息子の目の前で毎日ロッ

親子で共演したライブ。うれしそうな息子を横で見て、気分も幸せ

クンロールを弾いていた。息子はママにつかまり立ちしながら目を輝かせて踊っていた。つかまり立ちの乳児が踊ることが骨の発育にどうなのかは考えなかったが、取りあえず今、足は何も悪くないので大丈夫なのだろう。

黒人のブルースと白人のカントリーが混ざってできたR&Rはただの音楽ではない。真の自分らしさ、魂の本能を呼び覚ます音楽である。R&Rを一度感じた人は年を取らず、老年になろうとも自分の中の少年らしさを失わない。生命力に満ちて、「本当の自分らしくあれ」ということを音楽を聴くだけで体で理解してしまう不思議な音楽なのだ。1950年代に生まれたこの音楽は人種や、宗教、政治の垣根を越え、世界のあらゆる音楽と結びつき、世代を超えて広がり続けている。

そんな音楽が息子の自我を早く目覚めさせ、自己と結びつけてくれるだろうという願いをこめ、毎日のコミュニケーションもかねてやっていた。結果として、どこまでがその効果なのかはわからないが、息子を見ていると十分に思いは伝わったという気がしている。

家ではとことんハチャメチャにやる息子だが、実際にやる時はいつもかなり緊張してしまう。少し残念だが、それもありのままで良いとは思える。ところが最近は人前で歌う機会が多かったせいか、この日はずいぶんリラックスしてうれしそうに歌っていた。そんな息子を横で見て自分も幸せだった。

オモチャより大事なもの

２０１２年、元旦。富士山と太陽、無事にやってきてくれた新しい年に感謝する。そしてこの世界に命を与えてくれた宇宙と母親、空気、水、家族や仲間、音楽、自分の体など、感謝するもの、人には終わりがない。当たり前のように身の回りにある、たくさんのことを喜び、感謝できれば、それだけで人は十分幸せに生きられると確信している。事実、それらは皆、奇跡の連なりなのだ。今年か来年あたり、山登りをした時にでもそろそろ息子にも伝えたいと思っている。がしかし、年末年始、息子の頭の中はオモチャとお年玉でいっぱいである。

いくら山の中に暮らしていてもテレビや雑誌の影響で、アニメと連動し高度にプロデュースされた現代のオモチャビジネスには太刀打ちできない。モデルまで指定してクリスマスの日にサンタからもらったオモチャ、ビーダマンと、おばさんから送られたベイブレード。上達したら買ってやると約束していた上級用のハイパーヨーヨー。アニメ映画も見に行ったしその上、親類にもらったお年玉袋の中をのぞきながら何を買おうか夢心地になっている。

ヨーヨーで遊ぶ息子。オモチャも大事だが、自分の知る素晴らしいものも教えていきたい

「少しは使ってもいいけど、あとはママにあずけてちゃんと貯金するんだぞ」と偉そうに言ってみるが、お金の価値もだいぶわかり始めてきた息子が自然に盛り上がってしまうのも無理はない。こんな状態は子どもにとっていいことなのか？　ぜいたくになりすぎないか？　物を軽く扱い粗末にするようにならないか？　と考えてしまうが、自分が子どもの時だって金額は違うがとてもうれしかったわけだし、無理に規制すればかえって欲を高めてしまうだろう。時代が変わればレベルも変わって当然なのだ。

普段のこづかいは相変わらず300円だし、こんな夢のような季節が1年に一度あってもいいのかもしれない。だいぶ現代的に進化してはいるが結局はヨーヨー、ベイゴマ、ビー玉だというところもほっとする。夢中になって楽しいことをやっていれば集中するわけだし、意識は覚醒され、勘は養われ、手先も器用になってくる。それはどんなことにも役立つだろうし、親や、学校では教えられないものもたくさんあるだろう。大人になってみればそれが一番だったというケースもあると思う。

息子もこの春はもう3年生。徐々に一人で勝手に遊ぶ時間も増えていくだろう。それは何も悪くない。しかし、その中だけに埋もれさせたくはない。自分の知る素晴らしいものを機会あるごとに教えていきたいのだ。地球に生きていることの素晴らしさ、素朴なことのうれしさ、自分だけが持つ個性や可能性。オモチャや雑誌、アニメとの勝負である。

職業体験、大志を抱け

24日間もある富士豊茂小の長い冬休みは終わり、3学期が始まった。「あと1週間で休みが終わっちゃう」と嘆いていた息子も、先生や友達と久しぶりに会い、教室で楽しくはしゃいでいるところが目に浮かぶ。

冬休みの最後の週には自分の関西方面へのツアーが入っていたので、その前に2日間、家族でどっぷり遊びに行くことにした。行き先はディズニーランドとキッザニア東京。キッザニアというのはテーマパークのようでありながら、子どもが実際の仕事の疑似体験ができる場所である。

90種類もあるという仕事には、飛行機の操縦士、宅配便の仕事、モデル、消防士、新聞記者、お医者さん、弁護士のほか、ガソリンスタンド、ラジオ、テレビ局など、楽しい仕事からまじめな仕事まで、たくさんの体験をすることができる。スポンサーも三菱自動車やヤマト運輸など日本の有名企業がそれぞれ本業のお店を作り、制服も本物と同じ子どもサイズがそろってい

さまざまな職の仕事体験。広い世界を見て生きていってほしい

る。

　ひとつの仕事は1時間弱という短い時間ながら研修する時間があり、その後、実際の仕事をする。ここでは子どもは小さくても一人の人間として扱われる。大人に対するように話しかけられ、子どもの方も真剣に話を聞き、仕事を覚え、やろうとする。親はただ見守るだけである。仕事をするたびにここの中だけで使えるゲームのお金のようなものが稼げ、それで買い物ができたり、口座を作って銀行に貯金することも、ＡＴＭ（現金自動預払機）で下ろすこともできるという驚きのテーマパークだ。

　この日、息子は3回目だったが、選んだ仕事はマジシャン、自動車デザイナー、建設現場やピザ屋など。トランプを使って手品をしたかと思えば、ヘルメットをかぶってクレーンを動かしたり、ピザを作ったり。どれも楽しそうだ。自分も、もし子どものころにあったらぜひやってみたかった。遊びながらでも体験をすれば、ひとつひとつの作業に対する意味を感じ、仕事をするということに対して頭が働くようになると思う。

終わってから息子に何が一番楽しかったと聞いてみた。おもりの重さ、翼の形など、どういう部品を使えばグライダーはよく飛ぶのかという、発明の仕事が楽しかったという。「大人になったら発明家になろうかな」。20世紀ならまだしも、これからの発明家への道は途方もないだろう。しかし夢のある響きである。

意志のない、単に良い就職へと続くための努力などしてほしくない。できるだけ広い世界を見て、本能全開で夢と情熱に向かって生きてほしいものだ。

新たな人生の春を謳歌

今年の冬もピークを過ぎた。富士ケ嶺の最低気温はマイナス19度。都会の人間には耐え難い極寒の冬も移住して8回目ともなると、いつごろから寒くなり、雪が降るとどうなるかとか、イレギュラーな気候にもひるむことなく対応できるようになってくる。防寒、暖房の対策も熟練し、つらさを感じる瞬間もあまりない。冬が好きになってきていると感じる。緑が出るまでまだ2カ月半、寒さのピークを越えた今、心はすでに春である。

2月14日バレンタインデー。もう自分にはほとんど意味のない単語なのだが、遠い記憶の中ではときめきの響きとして残っている。自分の時は思春期にいきなり始まった。初めは義理チョコの概念もなく、告白の意味合いがとても強く、あげる方ももらう方もドキドキだった。

それは秘めた世界だったが、息子はもっと軽やかに楽しんでいる。保育園の年長のころからチョコをもらい始め、今年も誰々からもらえそうだとうれしそうに話していた。和菓子が好きで、普段はチョコを食べることはほとんどない息子だが、それでももらうのはうれしいらしい。

バレンタイン。人生の春を謳歌する子どもに、父親としては「良いぞ！」という感じだ

富士豊茂小では息子のいる2年生と、上、下の1、3年生あわせても14人しかいなく、親も状況はリアルにわかってしまう。各家の距離も遠く子どもだけでどこかで待ち合わせをすることもできない。去年までは「娘が渡したい物があるから息子を連れて何時に◯◯へ来てくれる？」と親から親へと電話がかかり、ママと2人、車で出掛け、やがてニコニコ顔で戻ってきたものだった。

今年は体育館の陰でもらったり、友達と一緒にいるところで同時にもらったり、状況も少し大人っぽくなった。本気のチョコだったり、義理チョコ？　仲のいい友達チョコ？　だったり。大人数のクラスでは男女で遊ぶことも少ないような気もするが、この環境では男も女もみんな一緒になって遊んだりケンカもしたりする日々を送っている。

しかしバレンタインにはチョコをくれるすてきな

女の子たち。小学校低学年では恋人同士になるわけでもなく、実際どんな気持ちなのだろう？自分にはわかり得ない。子どもたちもただそこを生きてるだけだ。淡く、あやふやな関係の楽しさが浮かぶ。

「お前はいくつもらった？」「そんなこと言えないよ」「俺は四つもらったぞ！」「まあ俺もそんなもんだよ」。お互い、ママが運転する車の窓を開けてのボーイズトーク。男として新たに始まった人生の春を謳歌している。父親としては「良いぞ！」という感じである。

異性との時間は「潤い」

小2の息子の女の子の友達が遊びに来ることになった。週末は2人で遊ぼうと学校で決めていたらしい。いつか中高生になればかわいい彼女でも連れてくるんじゃないかと楽しみにしていたのだが、その機会がまさかこんなに早く訪れるとは思わなかった。両親としてはどういうことかと考えてしまうが、取りあえずはうれしいことである。

そして日曜日、○○ちゃんがママに連れられてわが家に到着。妹たちを振り切って本当に1人でやって来た。送ってきたママはすぐに帰り、1人でリビングに入ってくると、初めてのシチュエーションに息子はまごついている。親もここは息子の頑張りどころということで奥さんと2人、ごく自然を装い食堂に引っ込み、ワクワクしながら様子を見守る。

ぎこちなかった2人だが、やがて10分もしないうちに自分の部屋でキャッキャしている声が聞こえてきた。息子があきらかに場を盛り上げようとはりきっているのを感じたが、そんな責任感をちゃんと持っているじゃないかと感心。取りあえずほっとして、自分の仕事にかかる。

普段友達が来ても自分はあまりかかわることはないが、女の子だということで今回は興味津々、昼食に参加する。今やすっかりリラックスした2人がグラタンを食べている。わが家に女の子がいるというのはとても新鮮で花が咲いたようだ。

自分も何か話してみたいと思い、「○○ちゃん、青君よりもお父さんの方がカッコいいだろう?」と言ってみたくなるが、そっぽを向かれそうなので、「○○ちゃんは姉妹3人で寝るの?」と聞いてみた。妹たちはそれぞれ親と寝てるが自分は1人で寝ると言う。「へぇー、偉いね、青君1人じゃ寝られないもんな」と、ついそっちに話がいってしまう。息子の応援もしたいが、からかいもしたいという、微妙な心境だ。

素直な自分で優しさを発揮し、すてきな時間を過ごしてほしい

干渉し過ぎてしまいそうなので、食後すぐに退散する。一人っ子の息子はサッカーなども好きだが、奥さんのお菓子作りを手伝ったりする機会も多く、女の子の遊びに

も楽しく付き合える。その後は奥さんのいる横で2人でずっとビーズ細工をしていた。けらけら笑って「また来るから！」と帰って行った○○ちゃん。やわらかい空気が流れていた1日だった。

異性との付き合いは人生において仕事や勉強と同じぐらい人生を左右する場合もたくさんある。うまくできるかできないか、とても大事なことだが、それより何より人生における、かけがえのない潤いである。素直な自分で優しさを発揮し、すてきな時間をたくさん過ごしてほしい。

不穏な未来　切り裂く力

旧友、ダイアモンドユカイのライブのゲストに呼ばれギターを弾いた。彼も自分も3月生まれで、今年は初めてお互いのバースデーライブに出演し合うことにしたのだ。この日は一緒にやっていたバンドの曲を数曲やるという気楽な役割で、家族3人、レクリエーション気分で出掛けた。

彼とバンドをやっていた当時はまだ20代、レコーディング、ツアー、プロモーション活動の連続でとにかく忙しかった。音楽も感情も激しく、しかもバブルの時代、何かやれば必ず朝まで酔っぱらって大騒ぎをする、嵐のような時代を共有した。今は2人とも50代になり、しかもお互い小さな子どもを連れて、楽屋は和やかだった。

息子はまだベビーカーに乗っていたころから、仕事の現場に連れて行っていた。そうしなければならない理由もあったが、自分が唯一の仕事として30年もやってきた音楽の場を「三つ子の魂」に体感してほしかった。実際に息子のケアをしていた奥さんの方は他にもやることがあ

ダイアモンドユカイ（左）とポーズ。子どもにはいつかスパっと空気を変えるような何かを発してほしい

り、苦労をしたと思うが。

仕事とは言ってもそこには第一に楽しさがあり、遊んでいるようにしか見えないところもあるが、その中に真剣さがあり、ピリピリした緊張感もある。本番中の高まり、終わった後のうれしい開放感、たまにはうまくいかない日もあったりで、半日の間に、空気はドラマチックに変化する。

息子ももう8歳。自分が1日10分しかピアノを弾かないところ、父親は毎日何時間も弾いているその末に楽しいライブがあることも知っている。そんなことを肌で感じつつも、そこは同時に遊び場でもある。歌が好きな息子には、ギターの演奏が延々と続く現在の自分の音楽より、ボーカリストがアクションをつけて歌っているロックの方がわかりやすく、こんなライブの日はいつにも増してエンジョイしている。今では奥さんもケアする必要が無く野放しである。

リハーサルを見てサビの歌詞をすぐに覚え、踊りながら歌っているかと思えば、物販のところへ行きCDの売り子をやる。本番中の写真を撮ってくれたり、楽屋に入って来れば他のバンドメンバーと勝手にワイワイやったりしている。わが家の一員としてちゃんと自分の役割を果たしているじゃないかと感心する。

世の中ちゃらんぽらん過ぎてもまずいが、まじめにだけ生きていたら人生のダイナミックな部分を逃してしまう。うまくバランスを取り、喜びのための努力をしてほしい。うれしいエネルギーで不穏な未来を切り裂き、いつかスパっと空気を変えるような何かを発してほしいものだ。

愛と元気とユーモアを

息子の春休み中、アラスカにいる奥さんの妹夫婦が生後5カ月の赤ちゃんを連れて来日した。日本の親類に紹介するためだ。わが家も3人、車を飛ばして会いに行く。

一人っ子のため、ふだん乳児には興味のない息子も、自分の唯一のいとこである小さなハーフの女の子には親近感が湧いたらしい。「小さくてかわいいね」「青君もこんなに小さかったんだよ」「そうなの？」と息子。そうは言ってみても親の自分たちでさえ息子のこんな時期のことはわずかしか思い出せない。なぜか今となっては夢を見ていたようである。近いうちに小さかったころのビデオを見てみようということになった。

親類が集まる場ではみんなが赤ちゃんを囲みほほ笑みかける。今まで親類の中では一番小さな存在だった息子も初めて主役の座を奪われた格好だ。けげんな顔をしている息子が急に大きく、大人に近い存在に見え、いつの間にそんなに育ったのだと驚いた。

奥さんにしてみれば姉妹の邂逅は久しぶりなので、心置きなく話ができるよう、自分はアメ

義叔父やいとことの交流。多彩な経験を通し躍動していってほしい

リカ人の旦那さんと英会話の時間だ。ある程度近況を話してしまえばあとは雑談するしかないのだが、英語での雑談は神経を使う。英会話こそは本当に必要な勉強だと思っている自分としては、ここはその体験ができるチャンスと、息子に英語で話をさせてみることにした。

まずは義叔父に聞いてみたいことの言い方を耳元で教える。「日本の食べ物は何が好き？」「好きな所はどこ？」。当然、照れると思ったが、教えた通り臆することなく話しかける息子。そういえば、息子の小学校にも月に1度、イギリス人の先生がやってきて、英語の授業をやっていることを思い出した。昔はそんな授業はなかったが、月に1度の授業でも効果があると実感した。

春休みが終われば息子も3年生。数人の慣れ親しんだ先生が去り、新たな先生たちもやってきた。息子の担任は引き続き同じ先生が担当してくれることとなり、まず初めの宿題として出されたのは今年の目標。息子はママと相談して「忘れ物をしない」、3年から新たに始まる「社会と理科を頑張る」と決めた。やけにやる気に満ちている。自分たちのころはただポーッと通っていただけだったが、学校が楽しいという思いが伝わってくる。

父親としての願いは今年も「自分自身を発揮してほしい」だ。勉強は大事だが、授業を普通にやってくれれば十分。命を支えてくれるのは「愛と元気とユーモア」である。思春期前、この年頃ならではの爆発する生命力とともに今年も躍動してほしい。

2012年 4 月～

2013年 3 月

旅はすべて人生の糧に

東北地方を約10日間、一人で演奏して回った。息子が生まれて以来、山の中に2人を残して長い期間家を空けることはしないようにしていたが、息子も成長した今、アコースティックの活動も始めたので奥さんと相談。そろそろ良いだろうということになったのだ。

出発の朝、「毎日電話するから」と言っていた息子だが、言ったほどはかけてこない。どっちみち、電話では大したコミュニケーションもできないし、ママと2人の生活でも何かに熱中して日々過ごしているなら、その方が良い。

旅は自分の人生において大きな意味を持っている。未知の世界でたくさんのものを見て、感じ、考え、高揚したり、寂しさも味わい、落ち込んだり。そのすべては人生と音楽の糧となっていく。いやが応でも自分と向きあわざるを得ない。旅の最中、流れる景色と共に頭をよぎるのは音楽のこと、過去や未来、その日行く土地のことなど。今回は石巻、大船渡などの被災地も回ったので自分に何ができるのか？　どんな気持ちで演奏すれば良いかなど。

人生の糧になる「旅」。息子にもたらしてくれることは多い

その中で、家族、息子のことを思う時、心の中は火がともったように輝く。それは希望、安らぎであり、頑張ることの意味を与えてくれているのがわかる。今の自分にとって精神的な背骨であり、昔と比べてそう簡単には折れない強さを与えてくれている。

わが家では息子が思春期を迎える前にやろうと決めていることがある。それは家族3人で、アメリカの西部をドライブして回る旅である。自分でも何度か行き、奥さんを連れて回ったこともある。あの辺りには有名なグランドキャニオンや、モニュメントバレーをはじめ、太古の地球を思わせる、たくさんの驚異的な地形の場所がある。ものの価値観をひっくり返してくれる場所である。

キャンプをして回れば、その経験は家族の思い出をつくるだけでなく、息子の未来に多くをもたらすと思うからである。自分も10歳の時に大阪万博で世界に触れたことで世界観が広がったと思っている。アメリカ西部の旅が息子の頭の中の限界を広げ、思春期の暗闇に光をさしてくれることを願う。

10日ぶりに戻り、早速息子と風呂に入った。「寂しくなかった?」「うーん、一人で遊ぶのがつまらなかった」。父親などそんなものである。身の安全を確保してくれるのは何と言っても母親であり、実はたよりにされていないのかもしれない。メスは巣を守り、オスは気ままに何処へでも行ってしまう。ライオンの生態を見ると妙に納得してしまう。

こいのぼり　あせない喜び

4月下旬、土曜日。晴れ。標高1150メートルのわが家にも遅い春がやってきた。朝食後、息子を連れて散歩に出る。まだ少しだけひんやりした空気。暖かい日差しと、木々の間、サラウンドで響き渡る鳥の声。長くきびしい冬のあとで、ただひたすら平和な朝だ。こんな世界が待っているとはわかっていても、実感は想像を超えた喜びである。

そんなことにはおかまい無しの息子は、ごく当たり前の朝として、ヨーヨーをしながら、ぺらぺらしゃべっている。「青君、黙って目をつぶって、太陽の方向いて手を伸ばしてみな。深呼吸して春を体全部で感じるんだよ。気持ち良いぞ」。そのとおりにやってみる息子。「ほんとだ、気持ち良い！」

子どもなりには感じたのだろうが、言葉ほどではない感じだ。しかし、こんな小さなことが記憶として残り、いつの日か大人になった時に実感したりするものだ。春をうれしく感じる魔法は未来の息子に小さなプレゼント。この時期、まだ芽吹いてもいない木々に遊ぶ鳥の姿もよく見える。「もうすぐ、葉っぱが出てくるな」「来月ぐらい？」「すぐだよ。あと2、3日かな、木の芽が膨らんできてるだろ？　あれがプアって開いて葉っぱになるんだよ」

しばらく歩いたあと、悪戯な気持ちでいきなり走りだしてみる。息子もわけもわからず走る。今度はジャンプ。息子もジャンプ！　思ったとおりの反応でおかしい。「なんでジャンプしてるの？」「春だから」。散歩の最後には家のそばで日課であるストレッチとヨガのポーズ。「じゃあ俺先に行ってるから」と息子は家に戻る。テレビアニメでも見たかったか？　今まではすべてに付き合い、まねごとをしていたので拍子抜けだ。

こいのぼり。月日がたつと色もあせるが、毎年初めてあげる時のうれしさはあせることがない

季節が巡るように、子どももとどまることなく変化し続ける。そのうち口もきかなくなる時が来るのかもしれない。きっとそのすべてを成長と喜ぶべきなのだ。もっと大きな世界に進んで行くための過程なのだから。

家に戻り、あまりに4月が寒かったのでうっかり忘れていたこいのぼりを一緒にあげた。子どもが8歳にもなるとずいぶん色もあせたが、毎年初めてあげる時のうれしさはあせない。そしてもうひとつ、わが家には年代物の5月人形がある。約半世紀前、自分が生まれた時に祖母が買ってくれたものだ。当時生活が楽ではなかった母は、なんと無駄なものを買ってきたのだと思ったと言う。部屋の奥で黙って座っている武者は自分には相当怖かったが、今では最新の戦士のオモチャと共に息子の仲間である。

親として常に警戒心を

少し前、ある春休みの日。その日、奥さんは出掛け、自分も午後から仕事の予定。息子も友達の家に遊びに行く予定になっていた。出掛ける準備をしていると待ちきれなくなった友達が、兄弟そろって自転車で迎えに来た。その気持ちは何ともかわいらしく、うれしい驚きで、車で送ろうと思っていたところ、自転車が家にもあったのを思い出し、息子も自転車で行くことにした。

家のまわりは急な坂ばかりで、低学年だった息子は思うように乗れるところも少なく、そのうち自転車も小さくなり、乗れはするが、ほっぽらかしになっていたのだ。友達の家に行くぐらいなら少し小さくても良いだろうと思い、タイヤに空気を入れる。青いヘルメットをかぶり、友達と3人で家の前の坂を下りていった。

後ろ姿を見送ったが息子のスピードが少し速いと思い、ブレーキをかけるよう怒鳴る。しかし自転車はスピードを増し坂を下りていく。先に行った友達を追い越し、曲がり角もそのまま通り過ぎ、突き当たりの家にまっしぐら。その瞬間、ブレーキのチェックをしていなかったことに気付く。

ちょっとした崖の下に建つその家の前には頑丈な木が1メートル間隔で生え、その先、玄関へと続く小さな橋があり、その両脇には深さ3メートルの溝もある。タイヤが縁石に当たると息子は自転車から跳ね上がり、半回転しながら木の間を飛んでいった。続いて自転車も。木にはぶつからなかった。しかし大惨事を覚悟し、祈るような気持ちで駆け寄る。

成長を実感しても、子どもに対する大きな危険への警戒心は常に持っていたい

すると溝の手前には今まで意識はしなかったが緑の網のフェンスがあった。息子はそのフェンスを背にし、頭を下に真っ逆さまにもたれ、上には自転車がのしかかっている。取りあえず血は飛び散っていない。すると「起きられないよー」と息子。ほっとして腰が抜けそうになる。

自転車のハンドルが息子の頭のすぐ横に突き刺さっている。強運とフェンスとヘルメットが息子を守ってくれた。勢いが強くフェンスを越えていたら？　木に当たっていたら？　自転車が顔に当たっていたらと思うとぞっとする。同時にブレーキの確認をしなかった自分の不注意を悔いた。かすり傷で済んだのは奇跡である。これを神様の警告と受け取り、教訓にしなければと思った。

息子も小3、ほとんど手がかからなくなり、つい大人と同じように思ってしまいがちだが、やはりまだ知らない危険もたくさんあるのだ。すり傷、切り傷など、多少のケガなら注意力を養うためにいくらでもして良いと思うが、親として大きな危険への警戒心は常に持っていなければと思った。

親子一緒に学ぶ楽しさ

物心がついた時には母と2人暮らしだった。実の父親に会った記憶は計3回、最後に会ったのは5歳の時でそれから47年、今も生きている痕跡はある。

母の証言でしか知らない父に一度会って、酒でも飲み、長年の疑問や事実を問いただしてみたいと思うが、このまま謎の中で風化するのも良いのかもしれないとも思う。子どもは与えられた環境を当たり前のものとして受け止めるので、父親の不在を寂しいと思ったことはなく、一緒に遊びたいと思ったこともなかった。

しかし今は息子としゃかりきになって遊んでいる自分がいる。無意識の中で息子を通し、失った時間を取り戻そうとしているのだろうか？　心の中は不可解だ。とにかく後になって息子にああしてあげれば良かった、こんなこともしたかったなと、できることなら思いたくない。

さて、国立科学博物館。東京、上野の明治時代風の建物の中にあった恐竜の化石。母に連れられ、たくさんの子どもに交じっておしくらまんじゅうをしながら見た少年時代のときめきを

家族一緒に楽しめる博物館。子どもも興味津々

思い出す。宇宙や恐竜、遺跡に興味の出始めた息子も今なら楽しめるかもしれないと思い、話してみると目を輝かせた。当時の自分と同じ年になった息子を連れて行くというのは不思議さを伴った喜びである。

中に入り、恐竜の骨をはじめ、常設展のあらゆる展示物を興味深く見つめる息子。お気に入りはたくさんの動物の剝製がある部屋と、科学の実験ができる部屋。特殊な鏡や風、マグネットを使った実験、初めて触れる驚きの連続に夢中だ。8歳の頭の中では何が起こっているのだろう？　科学の前では今も昔も子どもは大して変わっていないように見える。

この日はすぐ隣で特別展のインカ帝国展も期間中でそちらにも行ってみる。はるか遠い昔、南米に現れた巨大な帝国。高度な文明を持ちながらもわずか160人ほどのスペイン人に滅ぼされたというミステリアスな物語。その生活様式や数々の知恵を物語る展示物を家族で見る。親も子も一緒に初体験だ。インカの人たちの服や土器、本物のミイラを見て、3D映像で天空の都市マチュピチュに実際に行ったかのような体験ができる部屋もあり、家族全員、マチュピチュに行ってみたくなってしまった。

息子を遊びに連れて行ってあげたという感じではなく、子も親も純粋に楽しむことができた。子どもがついにこういうことを楽しめる時期に入ったのかと思うと感慨深い。がんばって仮面ライダーの映画を見る時期は終わったのだ。これからは一緒に学べるのかもしれない。

会えなくても思い合う

台風4号は夜中に山梨を通り過ぎた。今日がライブでなくて良かったと思うと同時に、こんな時に家族そろって安全な家の中にいるという事実をうれしく感じる。息子と風呂に入り、電気を消して窓を開け、闇夜に荒れ狂う雨と風の音を聴いた。人間は自然にはかなわない。自然を敬って生きるべきなのだと教える。

翌朝、息子を学校へ送るために外へ出ると、夕べの台風で道にたくさんの枝や葉がまき散らされている。葉っぱにはかわいそうだったが、非日常の景色に2人で見とれてしまった。

ここのところ、仕事で地方に出掛けることが多い。毎回せいぜい3～4日の旅で、それ自体は楽しく、充実しているのだが、ライブはいつもお客さんの集まりやすい週末にかかっているので、休みで家にいる息子とかかわってやれていない。なるべく毎週は入れないようにしているのだが、それでも結局後からなんだかんだ入ってしまう。毎回出掛ける時に、会えないからこそ大切に思い合えることもあるのだと自分を納得させる。

長野、愛知方面に行ったこの週、刈谷で夕方、奥さんの携帯から着信が入る。出ると、息子だ。「パパ、今日初めて一人で買い物した！」。お使いをしたということらしい。「はじめてのおつかい」の年ではないが、商店の無い富士ケ嶺では子どもがお使いをする機会も無く、この日は息子が希望して、スーパーで食品を買い、奥さんは駐車場の車の中で待っていたということだった。

　きのこや野菜、肉などを買ったのをうれしそうに話してくれた。「楽しかった」という息子。たしかに想像してみれば、財布を預かり、メモを見て、自分の意思で物を選び、レジでお金を払うのは、初体験の子どもにとってはときめく出来事なのかもしれない。ライブ前にそんなことを聞けたのは楽しかった。

カラフルなバクの絵が描かれた皿。父の日のプレゼントだ

　旅の最終日は長野県の飯田市。夕方、また息子から電話がかかってくる。「パパ、今日何時に帰っ

てくるの?」「夜遅くなっちゃうかな」「今日、父の日だから。明日プレゼントあげるね」。子どものころにそんな習慣が無かった自分にはピンとこないが、取りあえず悪い気はしない。

飯田でのライブも終わり、夜中に家に戻ると食卓の上に箱が置いてあった。中には手紙とクッキー、絵が描いてあるお皿が入っていた。3月、動物園に行った時にあまりの面白さに2人で笑って見ていたバクの絵だ。手紙には「いつも遊んでくれてありがとう」と書いてある。カラフルなバクを見ながらビールを1杯。父の日は一緒にいられなかったが、真夜中に一人でプレゼントを発見するのも悪くない。疲れも吹っ飛んだ。

好きな仕事で喜び与えて

ふじざくら支援学校で演奏した。この学校は「障害のある生徒が学ぶ学校」で、年に一度の芸術鑑賞会。通常のライブとは違う状況でどんな一日になるのか自分も楽しみにしていた。子どもたちの集中力を保つためには20分ずつの区切りがある方が良いということで、担当の先生からのリクエストはアコースティックとロック、そしてみんなで歌えるものをそれぞれ20分ずつでということだった。

アコースティックとロックは得意だが、最後のみんなで歌えるものとなると、まったく経験もなく自分の不得意な分野である。しかし息子の小学校にクラシックの演奏家が来ても、最後はやはりトトロの歌で子どもたちが楽しそうに歌っているところも見ているので、それが必要なこともわかる。

困っていると奥さんからのツルの一声、「青君が歌えば良いんじゃない?」。息子投入ということでまとまった。息子にもきっと素晴らしい経験になると思った。

ふじざくら支援学校での演奏。息子も立派に歌い上げた

学校の方から生徒が好きな曲のリストをもらい、選曲。トトロの挿入歌「さんぽ」や、ダンスが楽しいロックンロール調の「エビカニクス」など。いざ練習を始めてみるとこれが楽しい。いつもの自分の超真剣な音楽とは違い、気軽さがあり、うれしそうに歌って踊る息子を見ていると、今までにない新鮮な感覚が湧いてくる。ツアーの合間を縫って2人で練習、本番の日が楽しみになった。

そして当日。息子が出る前のロックの音で、すでにピュアな子どもたちはノリノリになっている。そして息子登場。いつもの結婚式などでやるアコースティックでの演奏とは違い、ロックバンドの編成の中で自分で決めた振り付けや、踊りをしながら、立派に歌っている。

長年ロックバンドをやってきて、横で歌っているシンガーを見ると頼もしく思えたものだが、今その場所に息子がいるのは不思議だ。人生は予想がつかない。20分の演奏時間の中で息子の緊張も解け、いつも以上に楽しむことができたようだった。見ていた子どもたちの純粋な喜びがダイレクトに伝わってきて、わが家にとってもうれしい一日になった。

帰ってからも息子の興奮は続く。「お祝いに花火やろう!」と言い出し、近くのグラウンドで花火をやった。もらったお礼の中から息子にわずかだがギャラを渡した。自分が好きなことを一生懸命やり、それを人が喜んでくれ、その上お金までもらえる。こんな素晴らしいことが世の中にあるのだということを知ってもらいたかった。息子の夢は今も科学者になることだ。まあ何でも良いが、自分の好きなことと人の喜びを結びつけて生きていってもらいたい。

喜びの力で大きく飛躍

わが家のまわりでは毎年、梅雨の終わりごろから2週間ぐらいの間、蛍が出る。近所の人は「オカボタル」と呼んでいる。蛍は川だけに出るものとばかり思っていたが、6月から夏にかけて霧に包まれることが多い富士ケ嶺は、湿気も多く森の中で蛍が生息できるらしい。そのぶんカビにも悩まされるのだが。

夜になると玄関前を小さな明かりが通り過ぎる。家の明かりが届かないところまで20メートルほど歩き、懐中電灯をチカチカやると、やがて森の中からフラッシングしながら光が集まってくる。街灯もないので30匹も出ればもうクリスマスツリーのようである。この時期は夕食後、家族3人外に出て、ありがたい夏のファンタジーを楽しんでいる。

1年半ぶりに息子のピアノの発表会があった。一時期あまりに家で練習をしないので、「一生懸命やりたくないならやらないほうがいい」と退会届まで出してやめさせようとしたが、もくろみ通り、涙ながらに踏ん張り、ここのところはピアノを弾く楽しさがわかってきたようで

発表会でピアノを弾く息子。これからの人生、意識の変化が大きな飛躍につながることも

ある。

今回弾いた曲はまだペダルも使わない2分弱の曲だったが、左手の動きが複雑だ。練習でも右手と左手がちぐはぐだったので、ちゃんとやろうとしないで、うれしく音楽を鳴らすようにと言ったが、先生にもいろいろと注意されているだろうからあまり口出ししないようにした。

発表会のように緊張した状態では、普段は思ってもみない間違いをしがちだ。失敗したところで、それもいい経験になると思ったが、やってみると意外と本番に強く、思ったよりもうまく弾け、本人も満足そうな顔をしていた。

その後、続々と出てくる生徒の演奏を一緒に見た。最後に出てきた高校生の男子が「革命」を弾いていた。スピーディーでドラマチックなショパンの曲は難しそうだが、最高にカッコいい。帰り道、「青君も弾いてみろよ。子どもがあんな曲弾いてたらカッコいいじゃないか」「無理だよ、できないよ」「ちょっとずつやればできるよ。あんなの弾けたら女の子にもてちゃうだろうな」「そう？やってみようかな！」。やる気を出すにはごくまともな理由である。

そこから話は進み自分の好きなベートーベンの「運命」やモーツァルトの「セレナード」を弾きたいと言い始めた。良い傾向だ。ちょっとした意識の変化が大きな飛躍につながることもある。好きなことができると思えば独自のアイデアと無限のエネルギーを使えるようになる。どうせやるなら、いつか自由に音を鳴らせる日がきてほしいと思う。喜びの力で進んでいってほしいものだ。

本気の遊びは素晴らしい

息子が小学生になって3回目の夏休み。もう一人遊びも十分できるがママとずっと2人というのもかわいそうだし、自分も春から7月にかけてずいぶんツアーをやったので、夏の間は極力遠出の予定は入れず、半分夏休みのつもりで息子の8歳の夏に付き合うことにした。普段、昼間は静かな空気が流れている家の中も、息子一人増えるだけでワイワイしていて毎日が週末のようで、それはそれで疲れもするのだが、それを超えて親密度が増してくるとより楽しくなってくる。

朝6時半、ハイテンションの息子が起こしにくる。7時からのラジオ体操に誰よりも早く行きたいからだ。こっちは夜遅くまでオリンピックの観戦で寝不足だというのに。息子は何に関してでも笑いたくなるほどやる気満々である。その気持ちは大事にしてやりたいと思うのでしょうがない、「エイッ」と起きて山を下り、2キロ離れた公民館の前まで車を飛ばす。子どもたちも親もわりと集まってくる。ラジオ体操はもう自分の人生には縁がないものだと思っていたが、やってみれば朝の澄んだ富士山を見ながら体を動かすのは気持ちが良い。

朝食の後、午前中自分は仕事、息子は宿題をやる。昼食後、一休みした後は卓球やサッカーをしたり、自転車に乗ったり、毎日とはいかないが仕事の息抜き以上に付き合っている。外で仕事があれば連れて行き、大掃除やゴミ捨ても一緒にやる。

息子の友達も連れて1日プールへ行けば、はるか遠い夏の記憶がよみがえってくる。卓球のルールやラケットの持ち方、自転車での坂の下り方、プールで鼻から水が入らない方法など何をやってもその都度基本的なことをたくさん教えることになるのだが、その都度多くをもらっているのは自分の方なのだと感じる。

自分にとって仕事である音楽は単に良い曲を作り、正確に演奏すれば良いというわけ

夏休み。子どもとの楽しい時間を過ごしたい

ではなく、作曲、録音、演奏する時の心の状態が大きく音楽の質に影響すると思っている。心の中に怒りや苦しみがあればそれは音と共に人のところへ飛んで行き、楽しさがあれば楽しさと共に音は広がって行く。練習時間が減ったとしても、子どもの純粋な喜びやエネルギーが自分の中に入ってくるのなら音楽は良いものになると思っている。

そんなややこしいことは考えなくても、子どもが子どもである時に教えたり、本気で遊べたりするのは純粋に素晴らしい時間である。何をどう頑張ろうと、こんな時間がきっと人生で一番いい時間なのだろう。息子にもうれしい記憶として残ってくれればと思う。

絵を描くこと 創造力養う

そわそわしたロンドン五輪の2週間も終わった。カヌー男子スプリント・カヤックペアに出場した富士ケ嶺出身の渡辺大規選手、通称「ヒロ君」は惜しくも10位。自分は北海道にいたが、息子と奥さんは、よくテレビで見かけるように、公民館に集まり声をからして応援した。

決勝へ進めないとわかると、ヒロ君を大好きな息子は泣いたと言う。しかし世界で10位は大変なこと。リオデジャネイロを目指すということで、4年後にまたパワーアップしたヒロ君を応援したい。

夏休みの宿題。自分には苦い響きだ。毎年最後の3日間ぐらいで、怒られながらやり、一度として仕上がったことはなかった。きっちりした奥さんのDNAを受け継ぐ息子は、ドリルなどせっせと7月中に終わらせ、自由研究や読書感想文を、ママに協力してもらいながら優雅にやっている。

そして最後の難関、ママに仕向けられたらしい息子が「パパ、ご飯の絵を描くの手伝って」

ときた。親が子どもの宿題を手伝うかと思ったが、今のところ、美術にはまったく才能の見えない息子は描いてもさっさと終わらせてしまう。たまに学校で教室に貼ってある絵を見ても「なんだかなー」と思うような絵である。絵が好きな自分としては、ここは絵を描くことがより楽しくなる手助けをしてやろうと、付き合うことにした。

すぐに鉛筆で下書きのしてある画用紙を持ってきた。お皿に載った三角のおにぎりが三つ、そのまわりに自分、太陽、そして木が数本生え、シカと鳥もおにぎりをくわえている。へただが、子どもらしい楽しさがある。色を塗るにあたって絵が楽しくなる魔法をいくつか教える。大胆な色の使い方、単色で塗るところを同系色など数色使う。引き立て合う配色や色の濃淡、筆あとの付け方など。

絵を描くことは自由な世界への入り口だ

「あっ、俺の体描き忘れてたよ」「顔だけも面白いだろう！」。「塗ったらお化けみたいになっちゃった」「夏だし、お化けがいても良いだろう！」。絵はきちんと描いてはいけない。いたずらが大事なのだ。やがて息子も「俺、ピカソ！」と言いながら絵の具まみれになり作品を仕上げた。過剰介入した気がしないでもないが、今後息子がより楽しく、意欲的に絵が描けるきっかけになってくれればいい。

個人的には、難しい数学の公式を覚えるよりは絵を描くことの方が人生には有意義だと思っている。自由な頭で創造的に物事に取り組めるようになれば、時代や社会の枠にとらわれることなく、自分のやり方で人生を進めて行くことができる。絵を描くことは自由な世界への入り口なのだ。

2学期始まり大張り切り

8月下旬、始業式の朝、息子は張り切って学校に出掛けた。夏休みの間こつこつとやり、完璧に仕上げた宿題を抱えた顔は誇らしげだったが、張り切り過ぎて提出日ではなかった絵まで持っていったのは失敗だった。丸めずに新聞紙で包装した宿題の絵を提出せずにどこかに置き忘れ、気付いた時にはどこにもなかった。

学校に持っていったのは確かで、先生も探してくれたが、結局見つからなかった。誰かがただの新聞紙だと思い、ごく当たり前にゴミ箱に入れたのかもしれない。この宿題はそのまま町の展覧会に出す物で、「賞取れるかな」と気に入って、夏休み中、部屋に飾っていたぐらいだったので、息子は落胆している。

誰かを恨んだりするのもかわいそうだと思い、「誰も悪くないんだからな。もし誰かが悪いとしたら新聞紙のまま忘れて来た青君なんだから。誰も恨んじゃだめだよ」。「うん」と息子。そこはわかっているようだった。描いたのは事実で先生もわかっているから、提出できなくても怒られることはないだろう。しょうがないかと思ったが、心に引っかかったままだ。

ここは、うれしい結末に持っていくにはやはりもう一度描くしかないかと思い、しばらくして提案してみるが、ママから「もう締め切りだよ」と一言。週末もライブやわが家の出掛ける用がひしめいている。しかし息子は朝早起きして描くと決めた。ナイスだ。息子はまた一緒に描きたがったが、「この前楽しい描き方、いろいろ教えたろ？　今度は自分だけで楽しく頑張ってみな。後でちょこっと見てやるから」。

スタートした２学期。運動会など大きなイベントも楽しみだ

翌朝目覚めるとすでに絵はできていた。多少助言はして、手を加え完成。前回の絵より良くなったかどうかわからないが、満足のいく物はできた。心の曇りもなく週末を楽しく過ごせたし、何より、明け方に一人起きて絵を描いたのは、きっと記憶に残る良い時間だったのではないかと思う。

2学期は無事に始まった。今、息子の頭の中は運動会でいっぱいだ。夏休み前から楽しみにしていた年に一度の大イベント。今年は放送部員にもなり、競技中の放送もするらしい。毎日天気を心配しつつ、「今年も絶対勝つ！」と張り切っている。

「でも綱引きではちょっとかなわないかな。リレーは走るのは早いんだけど、バトンパスがうまくいかないんだよ」と息子。3年生になっても全校生徒29人をふたつに分けた赤と白の戦いにこれほど本気になっているのは見ていて楽しい。

親としても運動会は一大イベント。子ども時代のど真ん中、小3の息子の運動会に行くなんて最高じゃないかと思う。息子が仲間と協力して全力で輝く1日を楽しみたい。

「ちゃんとしたフリ」で注意

運動会が終わり、悲しいぐらいに涼しくなってきても息子はウキウキしている。今月は彼の9回目の誕生日がやってくるからだ。毎日カレンダーを見ながら「あと20日！」「あと一週間！」と、あいかわらず息子はおめでたい。親としても「よくぞ自分のところへきてくれた」と感じる感謝の日である。

「お～い！　イスに寄っかかってメシ食うなよ」。自分の正面で食事をしている息子に注意をする。「ひじつくな～」「左手でおわん持って」など一応親らしいことを言おうとすると、自分も同じことをしていることに気付く時もある。

そんな時はまずちゃんとしたフリをしてから注意する。幸い息子は気付いてないが、本来自分もまったくそんなことを言えた義理ではないのだ。一人で昼食を食べれば必ず本を読み、ひじをついたり、もっとひどい食べ方をいくらでもしている。

もともとちゃんとしないことが好きな上に、アメリカに暮らしていた時に日本の行儀などは日本の社会から一歩出れば、その外では無意味であるとはっきり知ったからだ。部屋の中を靴のまま歩くアメリカ人、ヨーロッパ人には意味がわからない。インド人、ブラジル人しかり。

逆に日本人がみそ汁やラーメンの汁をすすったりすれば、それは彼らからすればあまりにも不作法でぎょっとされる。

「ちゃんとする」ことを教えるのは親の責任。でも「ちゃんとしない」方がいい場合があることも頭に入れておきたい

そんなふうに5年間、自分も土足で生活した結果、みんな自分の好きなようにすることが良いのだという考えに至ったのだ。

そんな自分がなぜ息子の食べ方を注意するのか？　矛盾を感じ、自問してみれば、一応自分は日本人としてそれを「知っている」し、やろうと思えば「いつでもできる」。そこが大事なのだ。息子が将来どんな人生を歩むかわからないし、外に出た時に人を無駄に不快にさせる必要もなく、それを教えておくのは親の責任なのだと納得する。なので自分のことは棚に上げて注意する。

いつか反抗期が来ていろんな矛盾を突きつけられた時には正直に答えるしかない。しかし、人生にはちゃんとしない方がいい場合もたくさんある。ジーンズだって好きに穴をあけたとたん楽しくなる。

何かを勝手にやり出せば、自分だけが持つ自由な感覚が動き始め、たくさんの楽しい可能性が見えてくるのだ。自分としてはそっちを中心に教えたいところだが、それ一方で進みすぎても人間ぐうたらになりすぎる。結局は兼ね備えていることがいいのだという結論になる。まずはちゃんとご飯を食べられなくては。

8歳最後の夜、将来に思い

台風一過の朝、家の周りにも枝や葉がたくさん散らばり、鬱蒼としていた森もさすがにずいぶんすき間ができてきた。富士ケ嶺では今月中にはほとんどが落葉する。半年間酸素を作り、心に潤いを与えてくれた緑に感謝し、そろそろ冬が楽しいという心持ちにシフトする時期なのだ。

9年前、奥さんが生後1カ月の息子を連れて実家から戻ったのは10月23日。翌朝は氷点下だった。明け方授乳していた奥さんはここでやっていけるのだろうかと思ったという。

そんな息子も9歳。誕生日前夜、一緒に入浴中。「プレゼント買った?」「さあね、買ったかな?」「買ってないの?」「買ったような気もするけど忘れちゃったよ」「えー! まだ持ってないの?」「今夜届くのかな?」とすっとぼける。「届かなかったらどうしよう。でもこんな夜遅くに届くの? 届いたら明日の朝探すから隠しといてね」。まだまだ十分子どもだ。こんな会話は楽しくてしょうがない。

「今夜は8歳最後の夜だな」「うん」「9歳になるのうれしい？」「うれしい」「へー、一番なりたいのは何歳？」「20歳かな」「なんで？」「車に乗れるし、仕事もできるし、結婚もできるから」「大人だね。大人になったらどこに住みたい？」「楽しいところ」「例えば？」「沖縄とか」「良いな、パパも遊びに行こう」「富士ケ嶺も良いな」「ここはいつでも住めるんだから、好きなとこに行ってみろよ。東京とかアメリカとか」「ヨーロッパもね。ギリシャとかイタリアとか」「そうだよ、どこでも好きなとこ行ってみな。20歳になったら自分で決めて何でもできるんだから、今から何やりたいか考えときなよ」「うん、お店持つのも良いな。おそば屋さんとか」「良いね。特別おいしいの作ってくれよ」

日々成長していく子ども。たくさんの想い出を与えてくれる

ふと、20歳になった息子を想像してみる。簡単だ。今と同じようにいつも笑っているに違いない。40歳、

子どもは何人? 60歳、老けた息子の顔はまだ想像できない。見てみたいが自分は生きていないだろう。

想像は瞬時に進んでいく。目の前には湯船につかって数を数える8歳最後の夜の息子。長い人生、いろんなことが起こるのだろう。きびしさ、寂しさ、つらさがあれば守ってやりたいが、その波は自分で渡らなければならない。それがあるだけ人生は実りのあるものになっていくのだから。親としてはどんな波が来ても乗り越えられるようにと願いながら育てるだけだ。「おやすみ!」。パジャマに着替えベッドに行く息子を見送る。「さらば、8歳の息子。この1年たくさんの想い出をありがとう」

無邪気なときを過ごして

朝霧高原（静岡）でのロックイベントに出演した。昔のロックファンは夜の都会にしか興味がなかったが、最近は皆キャンプをしながら雨にもひるまず、自然の中での音楽を楽しむイベントが盛況だ。その中にいる間、現実を忘れ、ただひたすら気持ちのいいときを過ごし、そこで感じたものを日常に反映する。いい時代になりつつあると思う。

ほとんどの人たちは遠く現実を離れて来ている中、息子にとってそこは家からわずか15分。近所の友達も連れて来て、芝生の上でカードゲームをやっている。こんな特別な環境でそんなことをあたりまえにやっているというのは面白い。自分以外の演奏にはいっさい目もくれないが、親としては大人が子どものように遊んでいる、この自由な空気を肌で感じ取ってくれればいい。

今年、週末はずっと忙しく、クリスマスまではずっと予定が入っている。イベントの翌日は祭日で、そこだけは空いていたのだが、やはり次の仕事の準備がたまっていて息子と遊んでや

頭の中が現実的になりすぎる時代。もっと無邪気なときを過ごさせてやりたい

ることはできなかった。

夕方、息子はたまらなくなったのか「一緒に外で遊ぼう。体育の日だから」とスタジオのドアを開けた。その声に切実さを感じる。時計を見れば夕食の時間まで1時間半。それぐらいでできることなら夜やればいいと思い、キャッチボールをやることにした。息子は顔に花が咲いたように明るくなる。

気持ちのいい秋の夕方に息子とキャッチボールをやるなんて最高だ。誘い出してくれた息子に感謝。へっぴり腰の息子にボールの取り方、投げ方を教え、息子も頑張り、1時間弱の間にそこそこ上達した。

父ともっと遊びたい息子は家に戻れば

今度は本を持ってくる。タイトルは「想像上の動物」。ペガサスやユニコーン、人魚、竜、サンダーバードなどが見出しに出ている。面白そうだ。2人で順番に読みっこしていくつかの話を読んだ。夕方の短時間だったがとても楽しく、自分もリフレッシュになった。忙しくてもやはりこんな時間は作るべきだと感じた。

本を読み終わると息子が一言「パパ、竜とかペガサスって本当にいるの?」。想像上の動物と書いてあるじゃないかと思いつつ「さあね、世界のすべてを知っている人はいないんだから、誰にも本当のことはわからないいんじゃないかな。『いるわけない』と言う人もいるし『いたら良いな』って思う人もいる。『いるかも』と思った方が楽しいんじゃないか?」。

親として少しでも長く無邪気なときを過ごさせてやりたいという心理なのか? 頭の中が現実的になりすぎる時代。不思議があった方がいい。大人にとっても。

星空見上げ幸せな時間共有

ついに冬突入。標高1150メートルのわが家の庭の木もほとんどの葉を落とし、地面に落ちた葉の色も消えた。すでに長い冬を迎える覚悟はできている。今年（2012年）は忙しく、ほとんど準備できていなかった薪を急ピッチで量産。薪を並べる役回りの息子もう手慣れたもので、せっせと上手に並べる。親子で冬支度ができることに幸せを感じる。夕方になれば、白くストーブの煙が上がり、家のまわりを木の燃える甘い匂いが包む。今年も暖かい冬の始まりだ。

「ライトダウン甲府バレー」に参加した。毎年、ラジオ局その他のいくつかの会社が共同で企画する、甲府盆地の電気を消して星を見ようというイベントで、今年は11月3日の午後8時から9時まで。自分はこのイベントのためのFM番組のゲストに呼ばれていたのと、プラネタリウムに行きたいという息子の希望で、家族3人午後の早い時間から甲府の科学館へと出掛けた。

今では星座にとても詳しい息子はイベントを楽しみにしていた。3人でプラネタリウムを見

冬に備えた薪の準備。今年も暖かい冬が始まる

た後、息子は後から来た友達と待ち時間に外の公園で遊び、自分はFM番組用のリハーサルを行う。そして本番。アコースティックの演奏の後、このイベントの趣旨に合わせて、「ビッグバン〜星と生命の誕生」というテーマでエレキギターの即興演奏をした。終演後息子に「良かったろ？」と聞くと「けっこう良かったよ」とエラそうに褒めてくれた。

会場にも座りきれないほどのお客さんが集まっていたが、館内での他のイベントもあったらしく、番組終了後、星を見ようと屋上へ出てみると、すごい数の家族、子どもたちでにぎわっていた。きらきらと輝く甲府盆地の夜景も、徐々に灯りの数は減っていき、午後8時を過ぎた頃に気付くとずいぶん消えていた。

　空を見上げる子どもたち。ほとんど街灯のない富士ケ嶺でいつでもたくさんの星が見られる息子も、自分の知っている星座を見つけて教えてくれる。しかしほとんどの親は減ってゆくネオンに興味があるようだ。どちらにしても幸せな時間。こんな無邪気な時間を見知らぬ仲間たちと共有しているということがうれしい。

このイベントのために、ボランティアのような形で企業やレストラン一軒一軒に電気を消してほしいと掛け合ったというスタッフ、それに賛同して電気を消してくれた人たち、それを山の上に集まりうれしそうに空を見上げるたくさんの親子。重暗い時代の中で、人々が協力してこんなイベントができるなんてとてもすてきなこと。こんなところにこそ、美しい未来の種が生まれるのだと思った。

旅ほど人生の糧になるものはない

ツアーに出て6日目、大阪から岡山に移動中、息子から電話がかかってきた。「パパ、昨日県民の日で休みだったから友達とディズニーランドへ行った！」と声がはずんでいる。誰と何に乗ったとか詳しく話してくれ、今日はどこで演奏するのかと確認して電話を切った。息子は父親がしょっちゅう家を空けていることにはもう慣れている。自分もそうであってほしいと思うが、たとえ1週間でも、離れている分の成長が見える時は、うれしくもあり寂しくもある。

10月末のある晩、夕食後に「パパ、俺、大きくなったら一人で旅がしたい。いっぱいアルバイトしてお金をためて、歩きか自転車で都道府県全部回りたい」と息子。あまりに唐突で、そんなことができるのかと思いつつも、そんな言葉はうれしかった。何かの本を読んで感化されたのかもしれない。そうだとしてもうれしかった。

「かわいい子には旅をさせろ」。旅ほど人生の糧になるものはないと思っている。そこで感じる高揚感、たくさんの未知の物事に出合い、寂しさや孤独の中で自分と会話する。とことん自

「かわいい子には旅をさせろ」。旅ほど人生の糧になるものはない

己と向き合う時間。男には放浪が必要なのだ。

自分も子どもっぽい大きな夢と浅はかな行動で20歳のころ、カリフォルニアへ行った。楽器、レコード、家財道具、有り金をすべてなげうって家出のように飛び出した。結局は戻ってくることになったが、その時に感じた心の飛躍、体験したもののすべてはその後の人生と音楽活動の大きな糧になった。

とは言っても、実際に息子が一人でそんな旅をするとなると、こんな自分でも心配しそうな気がしてくる。自分も大人になってしまったのか？　それとも時代的に危険だと感じるのか？　わからないが、しかし応援したい。「歩きも自転車も大変だぞ、取りあえず電車でも良いんじゃないか?」「なるべくゆっくり行きたいんだ」。なぜそう思うのかわからないが、飛行機よりは自転車や歩きで行った方が当然旅はダイナミックなものになる。「いつ行けるかな? 高校出るころぐらいかな?」。そこはやけに現実的だ。「いきなり全部の都道府県歩きも大変だろう、その前に富士山一周とか一緒に歩いてみるか?」「あーいいね、何日ぐらいかかるのかな?」「3日ぐらいかな」。大変だろうが、そんなことが一緒にできたら素晴らしい体験になるに違いない。

「これで将来の夢ができた」と息子。まだまだオモチャに夢中なよちよちだと思っていたら、子どもとはこんなふうに唐突に成長するものなのかと実感する。そして自分も親なのだという実感が強まった。

童謡が子どもと大人結ぶ

早めに学校が終わった息子に誘われ、バドミントンをやった。最近楽しさがわかってきたらしく、よくやりたがる。こっちもなまった体をほぐすのにちょうどいい。しばらく仕事を中断し、ありがたく反射神経を使って体を動かした。30分ほどやり合い、仕事に戻ろうとすると、息子はまだやり足りない。一人で練習すると言って羽を上に向かって打つ。昔の自分を見ているようだ。一人っ子はそれでいいのだと家に戻る。

「秋の夕日に照る山もみじ?」。夕方息子が歌っている。うちのまわりの木はとっくに葉を落としていても息子には関係ない。「パパも一緒に歌おう!」と今度は輪唱させられる。激しいアニメソングや、ロックも好きな息子だが、最近習ったこの歌をかなり気に入っているようだ。自分からロックを教えておきながら、小3の息子のそんなところを見るとほっとする。

息子が小学校に上がる前は風呂に入りながらよく一緒に歌ったが、最近は自ら得意げに歌ってくれる機会も減り、小学校では、自分が知らない新しく作られた歌を歌っていることが多い。

古き良き日本を見せる童謡。子どもと大人を結ぶ素晴らしい文化だ

新しい曲はどの曲もとてもよくできていて、メロディーもぐっとくる。

何よりも昔の童謡と違うのは歌詞だ。多少啓蒙的ではあるが、現代の小学生の等身大の気持ちが歌われていて、子どもたちは自分の気持ちを投影できることだろう。子どもたちも歌詞に共感できる方がいいと思うし、自分ももし子どもが歌う曲を頼まれたとしたらそんなふうに書くと思う。

しかし、今の自分でも歌詞の意味を百パーセントわかるとは言いきれないこの「もみじ」の圧倒的な素晴らしさは何なのだろうと思う。自分も童謡の歌詞の意味などほとんど考えずに歌ってきた。子どもながらに音楽の良さは感じていたが、ほとんどの曲は古臭いと感じ、「おもちゃのチャチャチャ」など、比較的新しいものの方が好きだった。

しかし大人になって子どもと歌う古い童謡は素晴らしかった。初めてまともに理解する歌詞の世界。一つ一つの言葉が次々と古き良き日本の情景を見せてくれる。親になればほとんどの人が感じることだろう。童謡とは実は大人のための音楽なのだ。楽しげに歌うのは歌詞の意味を理解しない子ども。古き良き日本、子ども時代への郷愁、それに子どもの純粋さが重なり、何とも言えない恍惚感を与えてくれる。子どもと大人を結ぶ素晴らしい文化だと思う。

息子もいつの日か子どもに歌いかける時、初めてその本当の意味を知ることだろう。親として今だけ体験できるそんな機会をありがたくかみしめたい。

家族が愛し合いハッピー

政権が変わった。原発は維持、経済の立て直しが急務だと言う。経済が悪化したと言っても、世界でもまだ上位にいるはずの日本がそんなに悪いのなら、他のほとんどの国はどうなってしまうのか？　外国を旅していると日本より経済状態の悪い国でも人はみんなエネルギッシュに生きている。中でもピカピカの笑顔で生き生きしているのは貧困層の子どもである。その都度考えさせられてしまうが、そんな光景を見れば、経済力と喜びは反比例しているように思える。飢えないことは大事だが余裕がある中で生命力は活性化しないのではないだろうか？　ぐたっとした動物園の動物を見ても、やはり生きるためにがんばるというのが生命本来のあり方であり、もっと質素な生活で満ち足りるべきなのではないのかと思う。

オノ・ヨーコは「愛には毎日水が必要」と言った。同感である。気分にまかせて、何の気無しに過ごしていれば優しい気持ちも喜びもすぐに蒸発してしまう。

親子の間でも毎日水をあげ合うように生きていたいと思う。毎朝、息子を一日全開で活動で

どんな状況でも、家族が愛し合っていられればハッピーでいられる

きるように気持ちをこめて学校に送り出す。夜はできるだけ家族だんらんの時間を過ごし、安心して眠りについてほしい。子どもが年々大きくなってくればくるほど、家族だんらんの時間の意味の大きさがわかってくる。特に寒い冬は、より家の暖かさを感じる。

1日のほとんどは音楽のことを考えている自分だが、息子が眠りにつくまでの約3時間は家族の時間として父親兼友達に専念するようにしている。夕方、仕事を終わりにし、ストーブに火をつけ、一杯引っ掛けながら息子と遊ぶ。一緒に食事をし、風呂に入る。テレビはつけず、楽しげな音楽をかけ、なるべく話をする。学校での出来事を聞いたり、冬休みの遊びの計画を立てたり、時にはまじめな話もするが、大抵は冗談を言ってふざけている。

いつでも応援している気持ちでいる自分がいる。子どものためというより、自然にそうなっている。家の中に小さな子どもがいるということは本当に素晴らしい。子どもを楽しませれば家中が楽しくなる。何を生み出すというわけではない他愛もない時間だが、息子の無意識の中ではテストの点には表れない暖かいものが育まれているはずだと思っている。

経済がより悪化したり、世の中がむずかしくなろうと、家族が愛し合っていられればハッピーでいられる。そう思えば気が楽だ。家の中だけは自分たちの想いと努力次第でどうにでもなる。お金に余裕があれば謳歌し、ない時は協力して支え合う。家族はそんなふうでありたい。

家族で初日の出を見に

今年も河口浅間神社に初詣、2日から新宿で行われたライブイベントに出演、わが家の2013年が慌ただしく始まった。ママのおせち料理を食べ、三が日を過ぎても、わが家にはまだクリスマスの飾り付けが残っている。息子が取りたがらないのと、自分もそれでいいと思うので毎年1月中旬ぐらいまではそのままにしている。ママは容認している感じだが、今年はついに「せめて7日までにして」と釘を刺された。

元日の朝7時。「パパ、お風呂入ろう！」。目を開けると視界いっぱいに息子の顔がある。「お風呂入って、初日の出見に行こうよ」。わが家では初日の出を見に外出したことなどない。前日近所の友人宅に行った時に、そんな話になり、イベント好きの息子は早速行きたくてしょうがないのだ。

「お風呂入ってから初日の出見に行ったら風邪ひくだろう。お風呂は後にしな」。俺は風邪なんかひかない、先にお風呂に入ると言い張る息子に、「じゃあ、ママに聞いてきな、ママがい

家族で初日の出を見た今年の正月。いい新年の始まりだ

いって言ったらいいよ」。息子は身の安全に関しては絶対的に信頼しているママのところに駆け寄る。

戻ってくると、「じゃあお風呂は後にするから、早く行ってサッカーしよう！」。息子はママに弱い。一言言われただけで意見撤回だ。この野郎と思いつつ「早く行くって言っても、日が出るのは8時20分ころだぞ。早過ぎるだろう。行きたいなら先に行ってな」。結局待ちきれない息子はサッカーボールを蹴りながら一人で近くのグラウンドまで行った。

歩けば5分だが、万が一、自分が行く前に日が出てしまっても文句を言われそうなので、やれやれという感じで自分も8時前には家を出る。温度計はマイナス9度。絶対に行かないだろうと思われた奥さんも意外に後から車で来るという。いざ行ってみるとグラウンドは人でいっぱい、カメラもずらっと並んでいた。普段はほとんど人のいないグラウンド。友人たちとおごそかに初日の出を見ると思っていたら大違いだ。8時21分、やや右寄りだったが、富士山の頂上から登る初日の出をダイレクトに見られたのは素晴らしかった。

富士山の麓に住んで10回目の正月。息子のおかげで、思ってても見なかった「家族で初日の出を見る」というイベントができ、いい新年の始まりになった。日の出の連続写真を撮ることに夢中になったが、他に信仰のない自分は富士山に家族の安全や仕事の充実を願えばよかったと思った。後の祭りだ。わざわざ願わなくてもおおらかな富士山はきっとわかってくれているだろうと決め込んだ。

初めてCDを買った息子

息子が初めて自分のお金でCDを買った。サッカーアニメ「イナズマイレブン」の主題歌だ。自分の持っているお金で、2枚買えると知るとどれとどれを買おうかと考えているので、1枚買って、曲をみんな覚えたらもう1枚買いなと忠告した。同時に何枚かCDを買うとそれぞれの存在が軽くなり、結局はそこそこにしか楽しめなくなるからだ。

早速、息子は家でかけまくる。曲はどれもロック調で、息子より年上の10代のやんちゃな男の子たちの「友情」や「あきらめない心」などをテーマにしている。悪くない。息子はすでに歌詞を覚え全身でビンビンに感じて歌っている。

気付いてみると車の中のハードディスクにも入れてあり、2人で出掛ける時にもかけ始めた。瞬間で人の意識をつかまなければいけないアニメソングはロック好きだとしても大人が朝から聴くには辛い音である。「青君、朝からこんなうるさい音楽聴きたくないよ」とアルバムを変えたら自分の好きな60年代のロックバンド「ドアーズ」のCDがかかる。こっちの方がはるか

子どもの何かにかき立てられた気持ちは応援したい。ただ物わかりのいい大人になるのもかえって子どもを弱くしてしまうのかもしれない

に危ない音楽だ。

　ほっとしたところに、息子が「これだってうるさいじゃないか！」と珍しくかみついてくる。自分も音楽を仕事にしている以上、聴きたくないものは聴きたくない。「低い音がうねっていて気持ちいいんだよ！　こっちはガチャガチャしててうるさいだろ！」。子どもにはわからない理屈だが、せめてもっと楽しく聴けるぐらい元気な気分になってから聴きたい。結局、息子が折れたが、後悔が残った。

　音楽が好きな子どもにとって、音楽、特にロックはただ音楽というだけではなく、それは自分の奥深くに眠っているものを呼び覚ます。自分の本能と結びつき、意識を変え、未来を創っていく力になる。子どものころ、ウソばかりと感じていた世界の中で自分にとってただ一つの美しく本当のものであったロックは大人には理解してもらえなかった。

今、目の前にいる何十年も前の自分と同じような気持ちの息子に向かってそんなものはダメだと言うのはあきらかに間違っている。息子は目覚め始めているのだ。自分にはうるさいと思っても、そのかき立てられた気持ちを応援してあげるべきなのだ。

しかし、よく考えてみれば大人にダメだと言われるから自分の思いがより強くなってきたのも事実である。多少のことではつぶされない強さを養う必要もあるだろう。何でも応援してあげる物わかりのいい大人になるのもかえって子どもを弱くしてしまうのかもしれない。そう思えば大人もたまには気分まかせでいいのだと納得。

あやふやな返答を後悔

アラスカから奥さんの妹が1歳3カ月の娘を連れて遊びに来た。日本とアメリカのハーフである。やはり女の子は動きも笑いも泣き声もすべてがやわらかい。息子も今まで赤ちゃんにはほとんど興味を示さなかったが、唯一のいとこということで親近感がわくようだ。赤ちゃんがいた3日間、家の中は花が咲いたようだった。

息子がこんな年のころの記憶はほとんど消えたと思っていたが、短い時間の中でたくさんよみがえってきた。赤ちゃんだった息子を必死で楽しませようとしていた時のこと、初めて気持ちが通じ合った時のことなど、本当にうれしかったのだということが今になってみればわかる。素晴らしい瞬間をたくさんくれた息子に感謝したい気持ちになった。

風呂上がりのいとこの着替えをのぞいていた息子。「青君スケベだな！」とからかうと、「へー、おちんちんないんだ？」と息子。知らないはずはない。自然な興味でのぞいていたところ、指摘されたもんだから照れ隠しにとっさにそう言ったのだと思う。

いとこと過ごした楽しいひととき。図らずも親子の話題は性のことに…

しかし、あとで風呂に入りながら、「パパ、女はどこからおしっこするの？」と聞いてきた。「男と同じようなとこに、おしっこが出るとこがあるんだよ」。不意をつかれ、あまり詳しく話す気にもなれず、あやふやに答えて終わらせようとした。すると「じゃあおチンチンは何のためにあるの？」と息子。当然な疑問であるが自分も今までそんなふうに考えたことはなかった。

女でもおしっこはできるわけだから残るはただ一つである。そんなことは思春期になり、早熟な友達から教えられ、まさか「自分のお母さんがそんなことを」と驚き悶々とするのが普通である。人間も含めた地球上のすべての動物はＳＥＸ

によって繁栄しているわけだから、自分としてはできれば思春期に入る前にそれは素晴らしいことなのだと教えてしまいたいとずっと思っていた。

しかし息子もあと30分で寝るという時に、これに答えれば次から次へと質問攻めが始まるに決まっている。自分にもそれに付き合うエネルギーがないと思い、とっさに「何だろうね？立ちションできるようにじゃないか」と思わずごまかしてしまった。

後になってみれば悔やまれる。寝る時間が遅くなろうと、自分が疲れていようとここは大事な話をする数少ないチャンスだったのだ。何でもない時に自分の方から「あのさー」と切り出すのも間が抜けているが、息子には性に対して不必要に陰なイメージを持ってほしくない。ここはやはり涼しい顔をしてズバッと言ってしまおうと思っている。

一人っ子、自分の運命生かして

この冬、家のまわりでは雪が解けそうになると新たにまた降る。成人の日に降った雪は一度も解け切ることなく、白く美しい冬が続いている。眺めている分には埼玉、東京で育った自分にはうれしい景色だが、息子は日中もマイナス7度の中、雪の上で一人ボールを蹴っている。「子どもは風の子」どころではない。寒さに強いのか、鈍感なのか、とにかく富士ケ嶺で生まれた子どもとしてたくましく成長している。

アラスカから来ていたいとこがいなくなると息子はまた一人っ子に逆戻り。世間的には自分勝手だったり、密室的だったり、寂しそうだと思われがちな一人っ子だが、いいところもたくさんある。

一般的には兄弟間のけんかや奪い合いがないのでおっとりしているところか。両親の愛情その他、何でも独り占めできてしまうという点ではわがままにもなりがちだと思うが、満ち足りてのびのびできるということもある。長所と短所は表裏一体だが、兄弟がいないことで必然的

一人ボールを蹴る息子。兄弟が多くても一人っ子でも、自分の運命をいかして生きていってほしい

に息子とは小さなころからたくさん会話することとなり、一人の人間としてじっくり付き合えてきたところはいいと思っている。

　一人っ子は当然のことながら一人で遊ぶ。それが人には寂しそうに見えるらしいのだが、当人的にはそうでもない。自分も一人っ子の上に母子家庭で、寂しさを感じる瞬間がまったくないわけではなかったが、一人の時間は退屈することなく、自由で、想像力に満ちていた。

　意味のない一人遊びにはまり何時間も続けたり、本を読めばドラマチックな想像がふくらむ。何かをやり始めれば誰にも邪魔されず、自分さえも忘れ、どこまでも熱中できる質とスペースを持っている一人っ子は物事をじっくりやるのに向いている。自分のように作曲をする人間も多い。気付くと無意識の中に埋没していることも多いのだが。

自分もそんなふうに過ごしてきたせいか親として息子にもその無意味で有益な時間を謳歌してほしいと思う。はた目からは、非生産的であると思えるそんな時間に育まれているものがたくさんあると思うからだ。息子も友達とワイワイ遊ぶことが好きだが、家に戻って来ると一人で本を読んだりしている。やはり一人っ子、自分のペースを取り戻そうとしているようにも見える。

兄弟の多い環境と一人っ子ではまったく違う成長の時間を過ごすことになるが、どんな環境であれ子ども時代に満たされないものがあればそれはひとつのエネルギーになり、自分の人生が始まる。人は自分の個性を育てる環境を選んで生まれてくるというのが自分の考え方だ。自分の運命をいかして生きていってほしい。

子どもも相手や状況で変化

富士ケ嶺ではほとんどの小学生は車で送り迎えをしてもらっている。昔は当然みんな歩いていたらしいが、物騒な時代になったのと、距離が遠かったり、冬は寒すぎたりとそれぞれの理由があると思う。わが家でも普通に車で送るのだが、自分としては息子になるべく歩いてほしく、夏だけでなく、冬も朝は途中で降ろしている。

「なんで俺だけ？」と不服をいう時もあるが「大人になっても元気でいられるように歩いてほしいんだよ」というと「わかった」と、とぼとぼ歩きだす。理由はほかにもある。子どものころは自分でも歩くことがうれしいと思ったことはないが、草花や虫を見つけ、季節の移り変わりを感じたことなど、今振り返れば記憶の中でいいものとして残っているからだ。

しかし、帰りは人けのない農道や暗い森の道、熊が出るという可能性もないとはいえず、さすがに歩かせるのは心配なので車で迎えに行く。大抵は奥さんが行くが、たまに自分が行く時もある。そんな時にいつも感じるのは息子の状態の違いである。

車に乗り込んでくるのはいつもの甘ったれてじゃれついてくる息子とは違う。どちらかというと素っ気なく、雑な雰囲気で何か怒っているのかと思うくらいだ。迎えに行くのがたまになので、その都度ハッとするが、それはすでに保育園のころでも感じていた。無意識だと思うがあきらかに家にいる時とはスイッチを切り替えている。

子ども社会の中、友達とは楽しく遊びつつも、同時に甘く見られないよう気を張ってもいるのだと思うし、親に対する意識などそこには混在しないのだろう。こっちは自分の知らない息子の一面をかいま見て一瞬冷やっとする。思春期、反抗期になった息子はこんな感じなのだろうかと思いがよぎる。

人間誰しも相手や状況によって変化する。息子がもし反抗的な態度の時でも、成長のための大事なプロセスなのだと肯定できる自分でいたい

　子どもも小学4年にもなればそんなことを考える瞬間が多くなってくる。もうしっかりとした絆はできていると思えるし、

たぶん息子は今のままおめでたくいくんじゃないかと楽観しているが、もし反抗的な、予想もしないような息子が現れたとしても、すべては成長のために与えられた大事なプロセスなのだと肯定できる自分でいたい。

車を走らせ、家が見えてくればもう息子はいつもの甘ったれに戻っている。人間誰しも相手や状況によって変化していると思う。家の中は息子が一番無防備でやわらかい自分でいられる場所なのだと思えば悪くない。結局、子どもの本当のかわいさは親だけが見ることができるのだ。宝物のように無邪気な今の時間を大事にしたい。

「遊び」が親子の強い絆に

「パパ、おやすみ！」。息子が眠りにつく。静かになった部屋の中で奥さんの打つパソコンの音が響く。息子のハイパーなエネルギーから解放されてほっとする。やっと大人の時間がやってきた。

寝る前の子どもは妙に元気がいい。夕食前に仕事を終わりにしてから息子が眠りにつくまでの3時間は大事な家族の時間だが、おしゃべりで、無意味な悪ふざけも好きな息子が最後に輪を掛けて元気になるので、こっちはクラクラしてくる。子どもも無意識のうちに十分な睡眠を取れるよう、体が勝手に1日分のエネルギーを使い果たそうとしているのかもしれない。

ナマ返事をしているだけになったり、うっとうしいとさえ思ったりしてしまう瞬間も多い。息子はそんな空気も読まず、しつこくはしゃぎ続けるのだが。しかし眠りについたのだと思ったとたん、さっきまで子犬のように自分と奥さんにまとわりつき、繰り返していた悪ふざけの

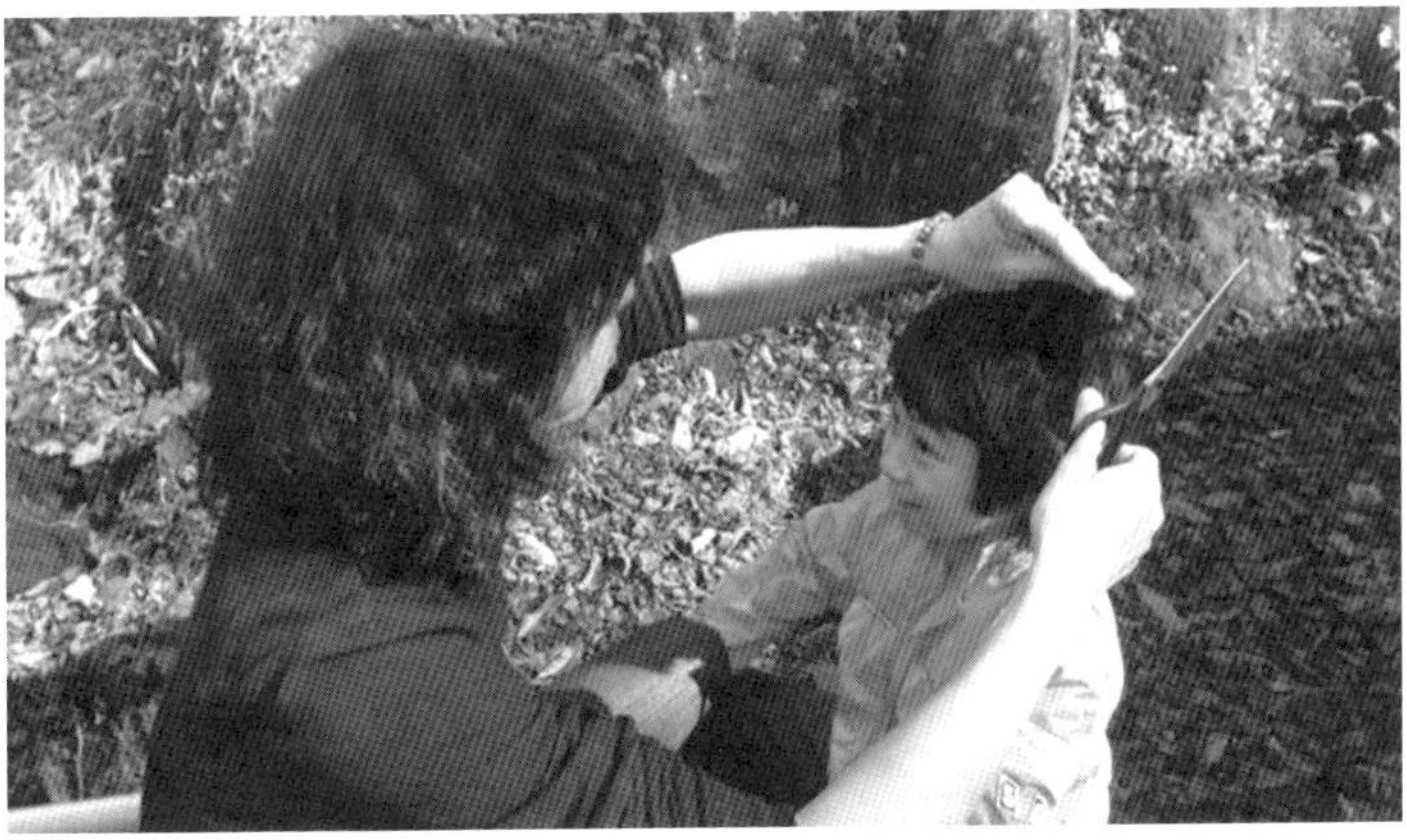

父親の仕事として最も大事なこと、それは「遊び」だ。残された子どもとしての貴重な時間、悔いのないよう子どもらしさを発揮してほしい

下には純粋で美しいエネルギーがたくさん流れていたのだということに気付く。なぜもっとうれしく受け取ってやらなかったのかと、毎晩小さな後悔をし、寝顔をのぞきに行きたくなる。

まだまだ子ども盛りの息子だが、父親として日常的な子育てはすでに終わったのだと感じてから半年たつ。わが家ではご飯や着るものの世話、学校のこまごまとした準備をする母親と違って、着替え、シャンプー、かけ算の九九ができるようになればもう父親にできることは少ない。自分のことは自分でできるようになり、息子も自らの足で人生を歩み始めたように見える。

写真を撮る機会も少なくなった。かわいさが半減したというわけではない。自分も息子の成長が新しい段階に入ったことを無意識に感じ取り、自然とスイッチが切り替わったのだと思う。

しかし、父の仕事はまだ残っている。自分が思う最も大事なことはやはり「遊び」である。遊びを共有して、自由な気持ちで一体化し、楽しみ、笑うこと。そんな簡単なことが強い絆を生むと実感している。

子どもはちゃんとさせるよりも、その魂が本来持っている資質を自由に使えるようになることが生きていくために一番大事なことだ。それはすべて自由な気持ち、遊びから生まれると思っている。残された子どもとしての貴重な時間、悔いのないよう子どもらしさを発揮してほしい。

今回で自分のコラムは終わります。息子が小学校入学の時から3年間このコラムを書かせていただき、息子の言動に、より意識を向けることができ、自分としても子どもを育てることの喜びが増しました。このコラムは未来の息子へ子ども時代のタイムカプセルとして、せめて思春期が終わるか、成人するころに見てもらいたいと思っています。長い間ありがとうございました。

あとがき

ブログ以外に文章を書いた事もない自分が山梨日日新聞に子育てについてのコラムを書いてみないかと提案されたのは、思ってもみない事でした。ロックギタリストが富士山のふもとに移住して子育てをしているという事が珍しかったのかもしれません。

ただ、自分にとっても子育ては、人はどう生きるべきなのかと考えてロックをやり続けてきたことの延長線上にあると感じていたので、そういう点で書けることもあるかもしれないと思い引き受けることにしました。毎月2回の連載はかなりのプレッシャーで、1年目の終わり近くにホッとしていたところもう1年と……結局3年間書かせていただいて、結果的にとてもありがたく思っています。

ずいぶん時間が経ち、今こうして1冊の本にまとまるのはとても感慨深いです。今回校正のために改めて読み返すと、自分にとってもまさにタイムカプセルのようで、当時の記憶が蘇ってきました。小学校低学年だった息子も来年からは大学生。来春には家を出て一人暮らしをする予定です。父親としての役割もとっくになくなり、奥さんの役割もあと半年で終わろうとしている今、子育てとは、約20年の大きなサイクルであり、その全体像が見えてきた気がしています。小学4年生ぐらいを境にして徐々に内面的に変化し、今では思春期の敏感な時期も通り過ぎたように見える息子。当時の息子のまま自然に成長してきたと思いますが、今ではまったく違う存在です。18歳ですので来年の4月からは法律上の成人、体力的にもとっくに自分を上回り、まぶしく、生意気で、社会に出てゆく時を心待ちにしています。

今はとにかく無事に育ってくれたという事で小学校入学の時のようにホッとしていますが、同時に、この本の中に出てくる、泣き虫で、いつでも親にまとわりついていた、あの小さな少年がもう存在しないという事実がとても不思議に思えます。本人にとってもそれはまるでなかったことのように、おぼろげに記憶の奥底に埋もれているように見えます。幼い息子と過ごした日々がどれだけ人生において貴重な時間だったのか、当時も頭ではわかっていたつもりですが、今は実感しています。もう幼い頃のような彼に出会うことは、自分が死ぬ時でもない限りないと思いますが、写真やビデオ、そして記憶の中に存在し続けるということが、とても切なく、うれしいのも事実。心の中に宝物を持っているということで納得したいと思います。こいのぼりもクリスマスの飾りつけもしなくなりましたが、今でもたまにキャッチボールをしたり、薪割りや、楽器の積み降ろしなど、何かあれば手伝ってくれる、大人としていい関係ができたのかなと感じます。これからの時代に社会人として生きて行くのはとても大変なことに思えますが、現代の人類最先端の成人として、きっと次の時代に対応できる資質は備えられているのだろうと期待します。ここから先は対等の人間として、お互い自分らしく、自由にうれしくがんばって生きていけたらと思います。

2021年11月

木暮武彦

著者（左）と成長した息子・青葉（2021年撮影）

■著者略歴
木暮武彦（こぐれ・たけひこ）
1980年代以降の日本のロックシーンを代表するギタリストであり、作曲家。東京都杉並区出身。レベッカ、レッドウォーリアーズで活躍したのち、1989年に渡米しカリフォルニアで５年半の音楽活動。帰国後の2003年、富士北麓へ移住。アートと宇宙をテーマにした実験的音楽、地球の自然をテーマにしたアコースティックシリーズ、再結成レッド・ウォーリアーズなど、豊かな自然に抱かれた富士山のふもとで音楽活動と子育てに励む。妻、長男と３人暮らし。愛称shake（シャケ）

本書は2010年4月14日付から13年3月27日付まで山梨日日新聞に掲載した同タイトルの連載を加筆・修正してまとめました。本文中の社会状況や固有名詞等は、原則として連載時のものです。

富士山と太陽の下で
shakeの子育てコラム

二〇二一年十二月二十二日　第一刷発行

著　者　木暮　武彦

発行所　山梨日日新聞社
〒400-8515
山梨県甲府市北口二丁目6-10
電話　055-231-3105

印　刷　電算印刷株式会社

ISBN978-4-89710-693-9